LE TUBE 1233

DANS LA MÊME COLLECTION

1. — *Souvenirs de la Princesse Pauline de Metternich (1859-1871). — Préface et notes de MARCEL DUNAN.
2. — MAURICE PALEOLOGUE, de l'Académie française. — *Le Roman tragique de l'Empereur Alexandre II.
3. — HENRY DE JOUVENEL, *Ambassadeur de France*. — La Vie orageuse de Mirabeau.
4. — PAUL et VICTOR MARGUERITTE. — *La Chevauchée au gouffre (Sedan).
5. — LOUIS ANDRE. — *Madame Lafarge, voleuse de diamants.
6. — LOUIS MADELIN, de l'Académie française. — La France du Directoire.
7. — HENRY BORDEAUX, de l'Académie française. — *Vie héroïque de Guynemer.
8. — KARL ROSNER. — *Der Kœnig.
9. — GEORGES OUDARD. — La Vie de Pierre le Grand.
10. — WILLIAM LAWRENCE. — *Mémoires d'un Grenadier anglais (1791-1867).
11. — J. et J. THARAUD. — *La Vie et la Mort de Déroulède.
12. — F. OSSENDOWSKI. — *De la Présidence à la Prison.
13. — VICTOR BARRUCAND. — *La Vie véritable du citoyen Jean Rossignol, vainqueur de la Bastille.
14. — C. DE TORMAY. — *Scènes de la Révolution communiste en Hongrie.
15. — COMTE DE COMMINGES. — *Souvenirs d'enfance et de régiment.
16. — MARTHE BASSENNE. — Le Chevalier de Lorraine et la mort de Madame.
17. — BETZY BALCOMBE. — *Napoléon à Sainte-Hélène.
18. — PAULE HENRY-BORDEAUX. — *La Circé du Désert.
19. — CHARLES LE GOFFIC, de l'Académie française. — *Saint-Georges et Nieuport, Histoire des fusiliers marins pendant la Grande Guerre.
20. — HENRI CHEVALIER. — *Vie et Aventures du capitaine de corsaire Tom Souville; ses combats, ses évasions (1777-1839).
21. — CAPITAINE COIGNET. — *Cahiers du Capitaine Coignet.
22. — MARIE BOTCHKAREVA. — *Ma Vie de soldat. Souvenirs de la Guerre, de la Révolution, de la Terreur (1914-1918). Traduction de Michel Prévost.
23. — PAUL LINTIER. — *Avec une batterie de 75. Le Tube 1233.
24. — MARIUS ANDRE. — *La Véridique aventure de Christophe Colomb.

Les titres précédés d'un astérisque (*) peuvent être mis entre toutes les mains.

FIGURES ET SOUVENIRS
— 23 —

PAUL LINTIER

AVEC UNE BATTERIE DE 75
LE TUBE 1233
SOUVENIRS D'UN CHEF DE PIÈCE
(1915-1916)

Précédé de Souvenirs sur Paul Lintier,
par HENRI BÉRAUD

The Naval & Military Press Ltd

Published by

The Naval & Military Press Ltd
Unit 5 Riverside, Brambleside
Bellbrook Industrial Estate
Uckfield, East Sussex
TN22 1QQ England

Tel: +44 (0)1825 749494

www.naval-military-press.com
www.nmarchive.com

In reprinting in facsimile from the original, any imperfections are inevitably reproduced and the quality may fall short of modern type and cartographic standards.

SOUVENIRS
SUR
PAUL LINTIER

Je fus probablement le seul confident littéraire de Paul Lintier, le seul écrivain qui l'eût connu, fréquenté, encouragé durant son éphémère et charmant passage. La célébrité lui vint après sa mort. Cela explique son isolement.

Nous nous rencontrâmes comme il atteignait dix-neuf ans. Il était étudiant; je labourais les garigues du journalisme provincial. Le hasard d'une polémique faillit nous affronter sur le pré. Tout de suite, nous fûmes inséparables. Chaque jour nous trouvait ensemble par les rues, les quais, les faubourgs d'une austère et pluvieuse cité. La littérature faisait l'ordinaire de nos propos. De lui à moi les opinions et les goûts de deux générations se communiaient. Et nous nous aimions comme s'aiment deux poètes, dans les romans de 1830.

Paul Lintier montrait quelque répugnance aux Pandectes. Il écrivait. Son premier volume : *Un Croquant*, venait de paraître chez Basset Un humour tragique de paysan marquait ces pages, dont la précocité surprit les gens de métier. Mal lancé, le livre n'atteignit guère le public. Mais, ni l'estime des confrères, ni l'indifférence des badauds ne préoccupaient un garçon qui aimait à écrire et n'aspirait pas à vendre.

Pourtant l'aventure du « bricoleur », Chascaillon, le dessin de ce personnage, massé d'une arabesque grasse, à la Van Gogh, la lumière nette des paysages, enfin toute l'agreste verdeur du bouquin enchantèrent un groupe fort actif de peintres modernes vivant à Lyon. Lintier se lia d'amitié avec l'un d'eux, Adrien Bas, qui, d'un Marquet, possède l'œil clair, le tact lumineux et le fin sentiment. La dilection qui unissait mon ami à cet artiste s'épancha dans une plaquette[1]. Cela, *Un Croquant* et quelques églogues aigres-douces, écrites, au sortir du collège, sous l'influence de Jules Renard[2], composait

---

1. *Un peintre* : Adrien BAS, préface de H. Béraud, l'Œuvre nouvelle, 1913, plaq. in-8°.
2. *Un propriétaire et divers autres menus récits*, chez Bridoux, Mayenne, in-32 raisin.

tout son bagage. Il s'attelait à des romans sociaux : *les Corneilles autour du clocher* et *Jusqu'à la pierre noire du seuil*, lorsque la guerre le prit...

Après vingt mois de campagne, une blessure, un retour volontaire au combat, le maréchal des logis Paul Lintier tomba près de son canon. Au lendemain de sa mort, paraissait en librairie *Ma Pièce*[1], recueil de ses premiers souvenirs de soldat.

Ce livre connut une vogue extraordinaire. Les écrivains, les lettrés, les journalistes, déplorèrent vivement la perte de cet inconnu, qui se révélait brusquement comme un héros et comme un noble artiste.

Du jour au lendemain, le nom de Lintier devint presque célèbre. Toute la presse s'y employa. M. Pierre Mille, dans le *Temps*, M. Georges Montorgueil dans l'*Eclair* M. Edouard Herriot dans l'*Information*, M. Haraucourt, dans le *Gaulois*, M. Bailby, dans l'*Intransigeant*, M. Laurent Tailhade dans l'*Œuvre*, M. Victor Snell, dans l'*Humanité*, M. Gustave Geffroy dans la *Dépêche de Toulouse*, M. Willy dans *La Suisse*, M. Campolonghi dans le *Messaggero*, M. Virgile Rossel dans la *Gazette de Lausanne*, etc.

1. Plon, édit., un vol. 1916.

Au *Temps*, M. P. Mille écrivit : « Ce livre héroïque est d'un grand écrivain. Si vous voulez voir la réalité atroce de la guerre, prenez-le. Quelque chose, un talent naturel, instinctif, farouche et hautain, y fait qu'on l'aperçoit déjà comme nos petits-enfants le verront : immense et légendaire. » M. Haraucourt se dépensa avec la plus grande ferveur, ainsi que M. Ch. Le Goffic, pour obtenir que les Gens de Lettres honorassent du titre de sociétaire l'écrivain disparu; l'Académie couronna le livre; l'*Humanité* le publia en feuilleton; le plus cher et le plus regretté de nos maîtres, Octave Mirbeau, prodigua, pour le faire lire, les dernières lueurs d'un esprit entre tous clairvoyant et généreux; M. Herriot fit donner à une rue de Lyon le nom de Paul Lintier. *Ma Pièce*, discuté, traduit, reproduit, fut unanimement tenu pour le commentaire le plus véridique et le plus émouvant des misères du combat.

D'autres combattants ont, avec des fortunes diverses, relaté leurs impressions. Sans discréditer des livres, dont certains sont des chefs-d'œuvre, on peut prétendre qu'aucun n'exprime à un tel degré l'espèce de torpeur résignée qui, dans la bataille, suit les révoltes de l'instinct.

Le succès de lecture fut considérable, aux armées surtout. Ainsi, le nom de Paul Lintier dépassant la simple notoriété, son œuvre est sauvée de l'oubli. Ses éditeurs ont pensé qu'au seuil de son ultime ouvrage, ce *Tube 1233*, dont la mort arracha de ses mains les derniers feuillets, un portrait et un recueil de souvenirs conviendraient mieux qu'une glose critique. Ces quelques lignes donc ne prétendent pas s'élever au-dessus d'un commentaire biographique. Si j'eusse avec raison appréhendé l'office d'écrire un avant-propos au livre de mon ami, j'espère trouver dans les souvenirs de notre affection les moyens qui suffisent à cette tâche de douloureuse et fraternelle piété.

Le visage de Paul Lintier était à la ressemblance de son talent : harmonieux, vivant, clair et réfléchi. Sa jeune beauté retenait le regard. Bien qu'il allât toujours vêtu d'une méticuleuse simplicité, on le remarquait. Les glaces lui rendaient l'image d'un jeune rural, assoupli par la pratique des armes, pâli aux lampes des écrits nocturnes. Des races se mêlaient en lui. De sa Mayenne natale, il héritait la carrure un peu râblée, la démarche d'un petit-fils de Bleus; mais son teint, sa chevelure, ses yeux étaient d'un Italien. Et sa personne, à la fois madrée et combative, tranchait parmi les silhouettes lyonnaises, savoyardes et dauphinoises des étudiants, ses **camarades**.

A dix-neuf ans, Paul Lintier ressemblait de surprenante façon au jeune Balzac de David d'Angers. C'était, sous le noir bandeau des cheveux, le même front surplombant, net et vertical, des yeux qui ressemblaient à des soupiraux. C'était ce nez, un peu menu entre des pommettes solidement modelées; la lèvre inférieure, le cou d'athlète et le menton prolongeaient la ressemblance, de même que le geste plein de vigueur et de gravité.

Il forçait la sympathie. Pourtant il ne recherchait ni les brèves camaraderies, ni les fraternités de hasard. Mais il souriait à chacun comme on offre un cadeau, subissait sans impatience les pires raseurs et ne contrariait pas les vanités. Partout, à la Faculté, dans les salles d'armes, les bureaux de rédaction, les parlottes d'artistes, les mess de sous-officiers, on se rappelle son indulgence, son urbanité. Au fond, je crois qu'il usait de douceur pour écarter les indifférents. Car il était distant, ou mieux : solitaire. Les discuteurs l'ennuyaient et il répugnait aux logomachies.

Aussi ne vivait-il vraiment qu'aux lieux où, dans le mouvement quotidien, les gestes des hommes dessinent une arabesque sociale. Il était le promeneur attentif des banlieues usinières, peuplées de travailleurs bleus, qui peinent au pied des hautes cheminées rouges; des quais de la Saône qui, dans la buée trouble comme une absinthe, voient descendre les lentes barques des mariniers; des lieux de plaisir, de vice et de sottise; des faubourgs sordides où vont des femmes pareilles à des bêtes de somme, des rues laborieuses où court l'agitation confuse des négociants... Foires, hôpitaux, théâtres, ports, gares, réunions publiques, grèves, pèlerinages, casinos, partout il poursuivait l'énorme pulsation du plaisir, du travail, de la passion et de la misère. Très tôt il avait compris que la plus haute tâche du romancier a pour fins la notation des grands rythmes humains et de l'âme complexe, convulsive et décevante des foules.

Il accumulait les observations et les images, sans rien noter, riche d'une extraordinaire mémoire. Surtout il regardait. Et il savait voir. C'est le don le plus rare chez l'écrivain autant que chez le peintre. L'observateur véritable s'exprime exactement, ayant, suivant la formule de Jean Dolent, « toujours la main de son œil ». Nul ne saurait, je crois, dénier cette exactitude verbale aux livres de Paul Lintier. C'est elle précisément qui leur donne leur caractère d'intense et terrible vérité.

A ce point de vue, mon ami était bien le compatriote de Flaubert, d'Aurevilly, de Maupassant, de Jean Lorrain. Il possédait ce regard vif qui monte en couleurs, jusqu'au ton direct, les livres des Normands. Au reste, le plaisir du spectateur participait chez Paul Lintier de l'obsession et du parti pris. Le document, et de préférence le document saugrenu, l'enchantait. Certes, il pratiquait les écrivains; il était même très au fait de toute littérature. Mais je me demande souvent s'il ne préférait pas à tous les livres, des *Bucoliques* au *Double Jardin*, les procès-verbaux des gendarmes, les lettres de nourrices et les romances à un sou.

Il se pourrait que sa joie d'écrire eût été subordonnée à son dilettantisme d'observateur. Il ne songeait à transposer ses découvertes que par une réaction mentale, et s'il se fit romancier, ce fut peut-être par entraînement, comme certains collectionneurs se font historiens.

Je le revois encore, tel qu'il fut au cours de nos promenades : opiniâtre en ses avis, parlant de toutes choses avec une animation qui eût détourné tout autre que lui du spectacle de la rue. Il parlait; et soudain, il s'interrompait pour s'écrier, avec l'accent un peu gras du Manceau :

— Oh! ceu ch'val, c'teu porte, queu porte! et il indiquait ici, là, le ridicule des choses, esquissait des caricatures d'objets comme Jean Meusnier, le vieux paysagiste d'Anatole France, dessinait des charges de frênes et des grimaces de bouleaux. Lintier avait une sorte d'intuition réaliste qui le poussait à concevoir et modifier la réalité vivante comme d'autres forment et déforment des sonorités, des arabesques, des abstractions.

**

Ce qu'il nous laisse (et qui suffirait à la carrière de maintes notoriétés) n'est rien au prix de ce qu'il espérait construire, qu'il eût construit. Il mourut quand il atteignait à peine vingt-trois ans — un âge où la plupart n'ont guère dépassé les projets, les doutes et les intentions. Et, déjà, il projetait de grands livres. Si l'on en publie un jour les plans, les ébauches, les fragments, nous connaîtrons que Lintier eût porté l'un des plus beaux noms des lettres françaises modernes.

Ma Pièce et *le Tube 1233*, ces deux chroniques du feu, ne sont, malgré des mérites singuliers, que des indications. Ce sont les livres occasionnels d'un homme qui, dans l'existence hallucinée des batailles, dans le tohu-bohu des marmites et l'inconfort des boueuses cagniats, — dans le voisinage permanent de la mort gardait l'insolite énergie de s'imposer une discipline de travail [1].

---

1. « Je ne me suis pas arrêté d'écrire mes notes chaque jour. C'est une excellente discipline, la meilleure que je sache. Outre que ces notes seront terriblement vécues, j'y trouve le grand avantage de me tenir bien en main moi-même. Je ne sais rien de plus calmant ni de meilleur... » Lettre de P. Lintier à M. L...

La critique a dit et dira de ces livres tout remplis de l'odeur du champ de bataille[1], ce qu'il faut dire. Mais nul, qui n'a connu Lintier, ne peut savoir qu'il se préparait à une tâche plus haute. Il était le rare ouvrier d'un œuvre puissant et cyclique; il portait en lui le souffle et la force d'un romancier social à la Paul Adam, d'un bâtisseur de sociétés à la Zola, d'un vivisecteur social à la Pierre Hamp.

Il pensait entreprendre plus tard l'épopée du travail, le poème de la machine, la mêlée future des mines et des chantiers, issue de la mêlée des fils de la terre. Durant la guerre, il y songeait. Maintes fois, il m'écrivit son ambition de donner pour suite aux moralités romantiques des faubourgs, du bagne et du cimetière, aux grandes fresques naturalistes de la Finance, du Pouvoir et du Travail, une galerie objective d'images, dont l'exactitude devait atteindre la sobre âpreté d'un réquisitoire.

Le soin que Paul Lintier apporta à écrire ses livres de guerre en soldat, je veux dire en s'abstenant de toute manifestation de ses aspirations de citoyen, ne saurait nous empêcher de discerner les tendances généreuses de son esprit.

Hélas! tant de dons, tant d'espoirs et tant de bonté ne nous sont plus qu'un amer souvenir.

---

1. « Ils puent la vérité... » Willy.

Il pensait se mettre à la tâche, levait l'outil...
La mort est venue. Il dort au bruit du massacre.
Et jamais l'absurde victoire du fer sur l'esprit
ne nous a frappé plus douloureusement.

Il tomba sur cette position de Jeandelaincourt,
dont les dernières pages du *Tube 1233* vantent
la tranquillité bourgeoise et casanière. La mort,
qui l'avait épargné dans les pilonnages furieux
de l'Hartmannswillerkopf, l'attendait ici. La destinée du combattant a de ces caprices féroces :

— « Quand ça doit venir! » dit un personnage du *Tube 1233*.

Un camarade de Paul Lintier a donné quelques
détails sur sa fin. Il se trouvait à côté de sa
pièce. Un coup d'embrasure éclata dans la casemate, blessant deux hommes et tuant net le
maréchal des logis Paul Lintier : « La mort a
été instantanée. La commotion a sans doute provoqué l'arrêt immédiat de la circulation et l'asphyxie a été foudroyante. Il n'a pas eu le temps
de penser. S'il avait survécu, il aurait été
aveugle et amputé du bras gauche. N'aurait-il
pas préféré la mort?... Son corps repose à Faulx
(Meurthe-et-Moselle). Tous les hommes de sa
batterie, les officiers et une grande partie du
groupe l'ont accompagné hier (17 mars 1916),

à une heure de l'après-midi. Et beaucoup de ces hommes, pourtant cuirassés contre la douleur, ont versé des larmes sur la tombe de ce camarade bien-aimé... »[1]

D'autres renseignements expliquèrent la catastrophe que l'insouciance de l'écrivain ne laissait pas prévoir[2]. Il semble que l'ennemi, qui jusqu'alors avait tiré un peu au hasard, eût réglé son tir au moyen d'un *drachen*. Le bombardement acquit alors une inquiétante précision. On trouve ces détails confirmés dans les dernières pages du présent livre. Paul Lintier écrivit jusqu'à la dernière heure.

Il pressentait sa fin. Une obsession de la mort hantait ce brave : « Mon corps sanglant, écrivait-il, dans *Ma Pièce*, sera étendu sur le champ. Je le vois. Sur les perspectives qui toujours sont pleines de soleil, un grand rideau tombe. C'est fini. Ça n'aura pas été long. Je n'ai que vingt et un ans. » Ainsi, comme le dit excellemment M. Georges Montorgueil : « Il sait ce qu'il donne en se donnant, il en marque, pour notre dette, d'un trait énergique, le prix supérieur. » C'est là, en effet, le sens profond des livres de Paul Lintier. Et c'est aussi leur

[1]. Lettre du maréchal des logis Arsène Gouhier.
[2]. « Pour moi, m'écrivait-il le 14 mars, la veille de sa mort, je suis embusqué à deux kilomètres des Allemands, dans un coin fort tranquille où je passe mes journées à travailler... »

morale. Des écrivains sédentaires ne l'ont point, m'a-t-on dit, trouvée assez cornélienne. Il convient que la force et la fierté des lignes suivantes leur soient mises sous les yeux : « Alors il faudra que ceux qui viendront ici, et qui verront le grand geste uniforme que tracent sur la terre les croix, lorsque le soleil roulant dans le ciel fait bouger les ombres, s'arrêtent et comprennent la grandeur du sacrifice. C'est cela que veulent nos morts. C'est cela que nous voulons, nous qui, demain, serons peut-être des morts. »

Mon Lintier, toi le meilleur d'entre nous par le cœur, par le travail et les dons, tu n'es plus rien qu'un peu de chaux au fond d'un trou, rien qu'un cadavre piétiné par les hommes, martelé par le fer, trempé par l'eau du ciel. Tu es mort, mon ami. Et cependant, je ne puis me résigner à te dire adieu. Qui donc nous donnerait tes livres ? On porte ton deuil, on te pleure autour de moi. Et il me semble que, si je reviens un jour de la guerre, je te retrouverai sur les collines violettes de mon pays... Hélas ! chaque fois que je rencontre au bord de ma route une tombe de soldat, quelque croix dont le nom s'efface sous un képi consumé, la dure réalité de ta mort me frappe d'un coup nouveau ! Pourquoi toi et non pas tant d'autres, qui ne sont ni bons, ni aimés, ni utiles ? Tes bras s'ouvraient pour embrasser l'humanité. Tu venais bon, grand, simple, fraternel. Un coup de tonnerre, de la fumée. Et tout ce que nous aimions n'était plus.

Tu dors dans un cimetière véhément, où chaque minute creuse de nouvelles fosses. Tu dors parmi les frères de misère et de gloire que tu avais choisis. Car tu fis plus que le devoir. Blessé et presque infirme, tu réclamas ta place au danger.

Cela, certes, nous enorgueillit. Mais cela n'amoindrit pas nos regrets. Car tu fus de ceux que l'on ne remplace pas, de ceux qui aiment, vivent et créent. Tu ignorais la haine, tu n'enviais pas les honneurs. Et pourtant tu donnas ce que ne peuvent donner les autres soldats : le radieux avenir de ton œuvre. Et juste entre les justes, tu mourus, mon frère, dans l'humble tâche de ceux qui firent en conscience une guerre sans panaches, sans ors et sans fanfares. Et tu possédas l'exacte intelligence de ton destin en t'inclinant devant la fatalité de ton sacrifice.

Henri BÉRAUD.

LE TUBE 1233

PREMIÈRE PARTIE
LE LINGEKOPF

LE CANTONNEMENT

25 juillet 1915.

Pour gagner là-haut nos loges d'avant-scène, il faut marcher longtemps, longtemps, à travers de hauts chemins de contrebandiers à peine élargis, empierrés tant bien que mal.

Par endroits, là où la pente trop rude faisait rouler les cailloux sous les sabots des chevaux, on a jeté en travers de la route des rondins côte à côte, et là-dessus brinqueballent des fourragères, des caissons, des fourgons, d'étranges attelages de fortune, de longues charrettes de paysans et des carrioles légères.

Les convois de mulets défilent interminablement. Minuscules sous l'énormité du bât, les bêtes avancent de leur pas régulier et fléchi. Dès la brune, il se répand sous les sapins une obscurité d'encre. Parfois, une voiture, un caisson tombent au ravin. Tant pis.

Toute la nuit un roulement qui, de loin, ressemble à s'y méprendre au bruit de la fusillade, emplit les bois.

Nous sommes arrivés au cantonnement. C'est au plus sombre, vers un sommet que les artilleurs l'ont établi. Pour le découvrir, il faut heurter la croupe d'un cheval ou s'effondrer dans une guitoune.

Des pièces tonnent quelque part, tout près. L'écho de la montagne amplifie le bruit et le répète. L'air porte des frôlements inquiétants : des obus qui passent... le vent qui chante dans les sapins ?... On ne sait. Une bougie qui brûle derrière une toile de tente n'est qu'un point jaune qui n'éclaire rien.

Une plainte déchirante s'élève. Elle semble sortir d'une gorge humaine : ce n'est qu'un mulet qui crie. Un artilleur passe, précédé de l'éclat blanc d'une lampe électrique.

Bien avant que les vallées sortent de l'ombre, entre les branches circonflexes des sapins, le jour pointe sur les sommets. C'est l'heure froide. Sous les tentes les hommes s'éveillent à demi, se roulent plus étroitement dans leurs couvertures Le canon n'a pas cessé de tonner.

Il est neuf heures, lorsque le cantonnier commence à se peupler de cuisiniers allumant leurs feux, d'hommes qui se reculottent. Le soleil tache les verdures somptueuses des mousses.

Comme on ne peut ravitailler les batteries que de nuit, tout le jour on n'a rien à faire. D'une clairière dominant notre bivouac, nous sommes allés contempler la bataille. A nos pieds, un lac fait une tache d'émeraude fascinante, au milieu de la forêt. Son eau pure, qu'on devine profonde, donne le vertige, et au delà, au nord, à l'est, au midi, les monts déploient l'infini de leurs plans, de leurs croupes, de leurs cimes. Des prairies vertes, des moissons fauves font des parements magnifiques au grand manteau de sapins qui enveloppe la montagne, assouplit et atténue ses lignes et ses formes.

Et voilà que tout près, derrière nous, une grosse pièce française claque. L'obus, qui nous frôle presque, hurle. Franchissant le lac, les collines et les vallées, au loin, près d'une ferme, au milieu des avoines lumineuses, il éclate dans un nuage noir. Il y a sans doute là-bas des munitions, un état-major, un poste téléphonique?

Le coup est trop long. Deux autres encore

dépassent l'objectif. Un pignon blanc apparaît sur la fumée. Trois coups courts. Trois nouveaux coups encadrent la maison. Encore une volée : les bâtiments s'enflamment. Tout de suite ce n'est plus qu'une grosse fleur rouge, éclatante sur la campagne verte.

La pièce française s'est tue.

BELENFANT CANONNIER

28 juillet.

Lorsqu'on lui demande son nom, il répond avec un drôle de sourire narquois qui plisse les coins de ses paupières et fronce son nez :

— Je m'appelle Belenfant.

Quoique passant pour un simple, il perçoit combien la puérilité de son nom tombe étrangement sur sa stature d'ogre aux cheveux roux, aux yeux jaunes, au grand nez cardinalisé. Volontiers, il répète :

— Belenfant, je m'appelle Belenfant.

Et presque toujours, par politesse, il ajoute :

— Pour vous servir !...

Belenfant est un des meilleurs conducteurs de la batterie. S'il jette à ses chevaux les plus énormes injures, il les traite avec douceur et amitié. On l'a vu faire jusqu'à une lieue, le soir, après une étape mortelle, afin de leur trouver quelques brassées de foin.

Si on lui donne un ordre, à peine l'officier ou

l'adjudant a-t-il tourné les talons, qu'il grogne :
— Ah!... Celui-là, il nous embête! Ah! là là! la classe!

Et, tout de suite, toujours ronchonnant, il se met à l'ouvrage, ou plutôt, *il s'y jette*, comme on dit à l'armée.

Il n'a pas peur des obus. Mais, lorsqu'il en tombe, il dit :
— Ils nous embêtent!

Quand il pleut trop dru, il répète encore :
— Ils nous embêtent.

Qui, ils? Les chefs, les Boches, la mort, le ciel? Il ne le sait pas bien.

Belenfant ne se lave jamais. Ce n'est pas un principe; c'est plutôt une habitude.

L'adjudant vient de faire la toilette de sa jument. Justement, Belenfant passe, pliant sous une charge de papier goudronné destiné à la guitoune de sa pièce et qu'il est allé chercher on ne sait où.

L'adjudant avise sa chevelure inculte, qui, comme une toison, retombe derrière, sur le col de sa veste de velours.

— Viens là, Belenfant.

Belenfant décharge son fardeau.

— Mets-toi là, à genoux.

Belenfant obéit. Et aussitôt, à grands coups de la tondeuse à chevaux, l'adjudant abat l'inextricable broussaille qui couvre la tête de Belenfant. La tondeuse tire les cheveux. Belenfant se démène et crie :

— Ça me biesse! Ça me biesse!

Mais deux canonniers que le rire secoue, l'ont saisi aux épaules et l'obligent à garder la position.

Après un quart d'heure de travail, le crâne de Belenfant apparaît enfin, surprenant de nudité et couvert d'une épaisse couche de crasse.

L'adjudant envoie chercher le savon noir; à pleines mains, il en enduit la tête de Belenfant, puis, il le renvoie.

— Et maintenant, va te laver, mon vieux!

Belenfant s'éloigne en haussant les épaules. Un camarade ricane :

— Il t'a eu!

— Tiens, regarde ça, s'il m'a eu! répond Belenfant.

D'un seul coup, il enfonce son képi jusqu'aux oreilles et proclame :

— Il peut toujours courir, l'adjudant, s'il croit que je vais me laver.

Depuis qu'il fait la guerre dans les montagnes, Belenfant se couvre le crâne d'un béret crasseux qui tourne au vert. Un chasseur alpin, en passant, lui jette avec mépris :

— Depuis quand qu'il te pousse des champignons sur la tête?

Hier, en allant au fourrage, dans une ferme abandonnée, Belenfant a découvert un objet qui fait sa joie. Au retour, il le montre à son brigadier.

— Regarde ça, mon vieux! Un chouette porte-cigarette!

— Tu l'as déjà sucé? demande le brigadier.

— Un peu, que je l'ai sucé! Et Belenfant tire sa blague et se met à rouler une cigarette.

— Et que je vais encore le sucer un coup!

— Sais-tu ce que c'est?

— C'est un porte-cigarette!

— Non, Belenfant, c'est une canule!

— Une canule?

— Oui, un truc pour prendre un lavement.

Mais Belenfant ne s'étonne pas. Sa cigarette roulée, il l'ajuste soigneusement à la canule et l'allume.

— Ce que tu me dis là, je m'en f..., du moment qu'on peut fumer dedans.

PAROLES DANS LA NUIT

5 août 1915.

La nuit venait de se clore. Tout le jour, il avait plu. A l'occident, les dernières résonances du jour s'étaient éteintes en des clartés d'un vert pâle étrange. Dans des ténèbres noires comme les eaux de l'Érèbe, je chevauchais derrière le dernier de nos caissons, en serre-file. Le roulement de la longue colonne sur la route, semblable un peu à un bruit de marée sur une grève invisible, et le bercement monotone de mon cheval au pas, paraissant obéir au même rythme de flots, m'endormaient en selle. Par extraordinaire, ce soir-là l'artillerie allemande se taisait.

Brusquement, la colonne s'arrêta. Ma monture, que je dirigeais à peine, heurta du poitrail un homme qui, depuis longtemps déjà, sans doute, marchait à mon côté dans la nuit. Je m'excusai :

— Je ne t'ai pas fait mal ?
— Non.

Je n'apercevais dans la nuit qu'un canon de fusil et un béret. La colonne ne repartait pas. On ne sait quels mulets, quels fourgons barraient la route, nous immobilisaient au milieu des bois.

— Et où vas-tu par là? me demanda l'alpin
— Ravitailler nos batteries. Et toi?
— Moi, je vais au Linge.
— Alors, si tu vas là-haut, je te souhaite bonne chance.
— Merci!... Merci!...

L'homme semblait réfléchir, immobile, appuyé sur son fusil, près de moi, dans l'ombre. Il ajouta :

— Oui, je vais là-haut! Et je n'en redescendrai pas!
— On dit ça... on dit ça!... Les pressentiments, moi, je n'y crois pas... J'en ai eu quelquefois, des pressentiments. Un matin, je m'en souviens très bien... à la Marne, j'ai dit à un copain : « Je serai tué avant ce soir. » Et me voilà, tu vois!

L'homme soupira péniblement comme si sa poitrine, pour prendre le souffle, soulevait un poids énorme.

— Non! Quand on veut, on ne revient pas!

Et il reprit, la voix changée par une émotion que je sentais poignante et qui commençait à me gagner :

— Tu ne me connais pas... tu ne peux même

pas me voir. Il fait si sombre, ce soir... Alors, je peux bien te raconter. C'est comme si je pensais tout haut... Oh! C'est banal, banal!... Je suis allé en permission chez moi, à Paris. J'ai trouvé ma maison vide. Ma femme est partie avec je ne sais pas qui...

Il se tut. Peut-être pleurait-il. Très loin, au fond d'une vallée, un obus s'écrasa avec des sonorités tragiques que répétèrent les échos des bois; sur une hauteur voisine, une ferme brûlait; un groupe de sapins mutilés par la mitraille se découpait sur l'incendie.

L'homme parlait comme en rêve.

— C'était une enfant... une vraie enfant! Elle ne serait pas partie si j'avais été là. Je m'appliquais à la distraire... et puis, je la surveillais. Mais après des mois... des mois... le désœuvrement!... Est-ce qu'on sait ce qui se passe dans la tête d'une femme!... Elle est partie!... C'est triste!

— Dis que c'est ignoble et lâche. Un coup de poignard dans le dos!

Lui la défendait :

— Oui... Oh! Elle n'en a pas vu si long... Une enfant, je te dis!

La colonne avait repris sa marche vers les positions; il me fallait suivre mes caissons. Je ne pouvais pourtant m'éloigner sans faire à ce malheureux la charité d'une parole de réconfort, et vraiment je ne savais que dire devant cette misère. Penché sur l'encolure de mon cheval, je murmurai presque à son oreille :

— Tu as tort... Laisse faire le temps. Tout s'oublie... Tout passe, ici surtout. Il ne faut pas aller là-haut avec des idées pareilles... La vie a du bon...

Toujours appuyé sur son fusil au milieu du chemin, l'alpin ne bougeait pas plus qu'une statue. Il ne m'entendait pas. Du doigt, je lui touchai l'épaule. Il sursauta comme quelqu'un qui s'éveille :

— Ah ! oui ! Tu t'en vas !... Bonne nuit, artilleur.

LE DELUGE

12 août.

Nous dormions tous dans la tiédeur dégagée par nos corps, que maintenait sur nous l'imperméabilité des tentes, lorsqu'une formidable secousse est venue agiter les rondins qui isolent de la terre nos lits de branchage et de paille. La guitoune, la forêt tout entière, jusque dans ses racines profondes, et le sol lui-même ont tremblé. L'air en vibrant a égoutté les branches des sapins sur nos tentes. Une bougie, qui achevait de se consumer au bout du fil de fer qui pend en spirales de l'unique traverse du plafond, a vacillé au coup.

Quelqu'un crie :

— Les 210 qui nous tirent dessus!

— Non. Ce sont les pièces lourdes de là-haut qui bombardent le ravitaillement des Boches, grogne le gros fourrier réveillé aussi, qui s'étire, enfonce son coude dans le flanc de l'adjudant et fait en bâillant une drôle de grimace d'enfant pleurard. Le chef, dont la bougie expirante éclaire étrangement le visage d'un seul côté, graillonne sans fin, dans un demi-sommeil agité. Une mouche dérangée bourdonne.

Et, comme la bougie s'est abattue à terre et s'est éteinte dans une puanteur âcre, une rapide clarté électrique, sur nos têtes, illumine tout le ciel... Un éclatement!... On tend le dos. Non... Le tonnerre! Son grand roulement, plus lointain cette fois, se répand en immenses ondes sonores à travers la forêt, modulées, graves, répétées d'écho en écho par les vallées profondes de la montagne.

Tout de suite, l'averse commence, une averse drue, pesante, sous laquelle la forêt chante à haute voix de toutes ses branches sa grande chanson monotone de la pluie. L'eau, qui ruisselle d'une tente mal tendue, tombe dans la guitoune avec un bruit clair de fontaine.

Nous nous roulons dans nos couvertures. L'artillerie céleste s'est tue. Le bruit des eaux nous berce et nous endort.

Celui qui s'est éveillé le premier ce matin — vers neuf heures — a poussé une clameur d'épouvante. Seuls, les isolateurs qui portent nos lits émergent de l'inondation. Sur l'eau boueuse, profonde d'un pied, flottent un paquet de tabac et une paire de souliers. La caisse de comptabilité est à moitié immergée. Le chef, la tête encore emmaillotée dans un passe-montagne, la contemple avec stupeur.

— Et les registres!

Le gros fourrier, que dans l'intimité on nomme « Cocotte », simplement parce que son cheval s'appelle « Cocotte », debout sur son lit de sapin et de foin, se reculotte minutieusement et contemple le désastre, de son regard perpétuellement gai d'homme solide et bien en chair.

— Eh bien?
— Eh bien!
— Sauvons les meubles, déclare le chef.

Et, bravement, il va tirer au sec la caisse de comptabilité. Ce spectacle amuse énormément « Cocotte », qui rit des coins de ses yeux aux paupières grasses.

Il ne s'est pas aperçu que l'orage a empli d'eau son képi. Voulant se coiffer, il se douche.

— Allons, à l'ouvrage! Jusqu'à mi-jambes dans l'eau froide, à la pioche et à la pelle, il faut ouvrir une tranchée à travers le mur de la guitoune, soulever les pierres amoncelées, couper de grosses racines qui nous barrent le passage. C'est un pénible travail qui dure toute la matinée, jusqu'à ce que l'eau, trouvant enfin une pente suffisante, s'écoule dehors sur les mousses de la forêt.

NOCTURNE

14 août.

Il a fallu que nous nous décidions, en plein mois d'août, à rapporter une cheminée à la guitoune; tous les jours il pleut. Les averses roulent avec un bruit voilé de tambour sur nos toiles de tentes qui, quoique imprégnées d'huile de lin, laissent filtrer l'eau goutte à goutte; pendant des nuits entières, elle nous tombe sur la face ou nous ruisselle dans le cou.

Au fond de ce trou rectangulaire, creusé à même la terre lourde des bois, et couvert tant bien que mal, il règne une humidité qui imprègne les vêtements, engourdit les jointures, rend douloureux au réveil les reins et la nuque.

Mais quoi! Il faut bien vivre ici! Perdu dans l'immense forêt, notre cantonnement est à peu près à l'abri des obus ennemis.

C'est ce matin que l'adjudant a dit :

— On va pourrir sur pied; faisons une cheminée.

Tout le monde s'y est mis; et, à présent, on s'époumone pour allumer un feu de bois mouillé dans un foyer tout humide. On a dû, pour obtenir un peu de tirage, façonner à l'extérieur une cheminée avec des pierres et de la boue. Malgré tout, tandis qu'à genoux, nous nous entêtons à activer à pleine bouche une flamme falote qui achève de consumer un bout de journal, le vent nous jette à la face des bouffées de fumée âcre qui empestent la guitoune. Pour respirer, il faut soulever la toile de tente disposée à l'entrée en manière de portière; mais alors l'inondation du dehors entre chez nous.

Enfin, à la brune, le vent étant tombé et la terre du foyer s'étant un peu égouttée, l'adjudant a réussi à tirer d'une brassée de bois mort une flamme qui éclaire toute notre maison. On a abattu des sapins entiers, qui, résonnant sous la hache, nous laissaient tomber sur les reins l'eau dont pliaient leurs branches; maintenant, à peine débités, on les jette au feu en énormes rondins qui fument pendant des heures avant de flamber.

La nuit s'est close. Autour des guitounes les chevaux attachés piétinent à petit bruit, dans une boue d'argile profonde et gluante. Le fourrier joue à la manille avec le chef et le brigadier de tir. Un canonnier, crotté jusqu'au ventre, appelle :

— Le bureau de la batterie ?
— Ici !

On l'entend patauger un instant encore et jurer. Il apporte un pli.

— Ravitaillement !

L'adjudant émarge le carré de papier chiffonné ; l'homme s'en va.

— C'est à toi de marcher, Lintier ! Trois caissons attelés à huit.

— Bon !

J'enfile mes bottes, je boucle mes éperons, et, à tâtons, je vais seller mon cheval sous l'averse qui ne cesse pas.

La nuit, la pluie !

Derrière une longue colonne de mulets, lentement mes caissons roulent. Longtemps, le chemin en corniche longe de loin les tranchées. Une batterie allemande de 130 en a, ces jours derniers, repéré plusieurs points. L'ennemi ne peut nous voir ; — la nuit est tellement sombre que les conducteurs distinguent à peine la route ; — mais il a dû entendre le roulement de nos voitures ou le pas sonore des mulets. Un grand éclair nous éblouit, et, tout de suite, l'éclatement brutal, net, vibrant, d'un 130 nous secoue. Il est venu si vite que nul sifflement ne nous a avertis. On n'a pas même eu le temps de le saluer, de se courber un peu sur l'encolure. Vingt mulets, qui hurlent ensemble de leurs voix étranges, font croire un instant que des blessés demandent du secours. Tout de suite, on hausse les épaules d'avoir frissonné à leurs cris.

Il faut passer. Je fais espacer mes caissons. La tête de la colonne, hors de danger, ne se hâte guère. Force nous est de suivre la cadence de sa marche. Au petit pas, sans qu'un mot d'impatience échappe aux conducteurs, — des réservistes presque tous mariés et pères de famille, — on traverse la zone périlleuse. Deux éclairs encore... un coup court... un coup long... un vol bruyant d'éclats qui nous frôlent!

Nous nous en tirons encore cette fois.

Vers une heure du matin, quand je rentre au cantonnement, le fourrier, le chef et le brigadier de tir poursuivent leur partie de manille. Je suis mouillé jusqu'aux os; on me fait une place au feu.

— Eh bien? me demande l'adjudant.

— Rien! Comme toujours, quelques coups au même passage.

RAVITAILLEMENT A LA BATTERIE X

21 août.

Déjà, par trois fois, dans la nuit noire, j'avais failli me perdre avec mes caissons. Au calvaire des Hautes-Huttes, si un obus éclatant presque sur nos têtes n'avait illuminé le monceau de pierres où gît la croix brisée, certainement je me serais engagé sur la mauvaise route. Au loin, une ferme qui brûle avec une grande lueur immobile m'attire, me fascine, me désoriente. Je ne suis allé qu'une fois aux batteries du ... que l'on m'envoie ravitailler aujourd'hui. Cette nuit-là, il faisait clair de lune et le ciel était tout constellé.

Attentif, anxieux, fouillant du regard l'ombre épaisse, je cherche les points de repère que j'avais classés dans ma mémoire. Mais la plupart m'échappent. Les ténèbres sont impénétrables. Je ne peux pas m'aider de ma lampe électrique. L'ennemi a soigneusement repéré ce chemin que, le jour, il découvre à perte de vue.

A coups de 130, il éteint le moindre falot. La soirée est calme et je me demande même si, du haut des montagnes toutes proches qu'ils occupent, les Allemands ne peuvent entendre le grand cahotement de nos caissons blindés sur les cailloux. Le vent est traître; il emporte le bruit vers leurs tranchées.

Non, je ne me suis pas égaré! Je reconnais ce buisson qui empiète sur le chemin et dont les branches claquent dans les rayons des roues; je reconnais le bloc de rocher barrant presque la route et contre lequel mon cheval a failli s'abattre.

Mauvaise nuit! J'avance lentement. Derrière moi, les lourdes voitures attelées de huit chevaux suivent à grand'peine à travers les montées rudes et les descentes plus terribles encore sur les pierres roulantes.

Là-bas, vers les crêtes du Linge et du Schætzmaennele, des fusées éclairantes, trouant l'ombre, découvrent parfois des hécatombes de hauts sapins dépouillés, mutilés par la mitraille. Alors, on devine, sur le ciel plus noir, la ligne sombre que décrit le faîte de ces montagnes d'épouvante.

Le chemin longe cette ferme en feu dont la charpente, à cette heure, semble une armature de métal en fusion. Le vent tire du brasier des tourbillons d'étincelles qu'il souffle sur nous. Démesurées dans les clartés mouvantes de l'incendie, nos ombres équestres s'allongent sur le champ proche. La lumière sanglante, qui n'éclaire les visages que d'un côté, découpe d'âpres profils de guerriers tragiques.

Enfin, voici les casemates du ..., basses, massives. On les devine plus qu'on ne les voit, tapies sous les sapins. Quel déluge de mitraille s'est abattu ici! Entre les trous d'obus, les conducteurs ont peine à trouver un passage. Il y en a de gigantesques où s'abîmerait un caisson avec tout son attelage. J'ai crié :

— Ravitaillement!

Des servants ont surgi de la terre. Pour amener nos voitures à proximité de l'abri à munitions, il a fallu qu'ils jalonnent les derniers mètres du chemin.

— Attention au trou à droite!
— Attention au trou à gauche!
— Tout droit!
— Parlez bas! Les Boches sont de l'autre côté de la vallée; ils entendent très bien!

Tandis qu'on décharge les caissons dans un silence que trouble seulement l'entre-choquement clair des douilles de cuivre et que la proximité de l'ennemi fait émouvant, j'ai mis pied à terre et je me suis adossé au fût d'un sapin dont la cime se perd dans les profondeurs du ciel noir. Un va-et-vient d'ombres me frôle.

Soudain, aux flancs de Bærenkopf, nette, saccadée, la fusillade s'éveille, intermittente d'abord, puis affolée. L'éclatement des grosses torpilles, qui semble ébranler la base des monts, la scande. Les échos à l'infini se rejettent ces monstrueux gémissements qui, très loin, s'éteignent au fond des bois en d'étranges clameurs quasi humaines. Au-dessus de nos têtes, les balles sifflent. Des gerbes de fusées jaillissent de la montagne. Dans la clarté livide dont elles illuminent, sous le lourd ciel d'encre, la position de batterie ravagée par les obus comme par un soc géant de charrue furieuse, j'ai aperçu devant moi, appuyé aux rondins d'une casemate, un homme au visage farouche, au masque creux, aux yeux fixes.

J'ai déjà vu cet homme! En d'autres temps, en un lieu lointain, j'ai connu un visage ami dont celui-ci serait le reflet effrayant. La canonnade s'est tue; les fusées se sont éteintes. Mais mon regard demeure invinciblement rivé à ce point de l'ombre où m'est apparu cet homme que je ne vois plus. Je cherche à atteindre cette apparition, à fixer un lieu, une époque. Ces minutes où, fouillant l'intimité de mon passé, je sens ce souvenir qui m'échappe chaque fois que je crois l'étreindre, comme le mercure fuit entre les doigts, sont extrêmement douloureuses. Et, soudain, ma mémoire s'illumine. Ce même visage, mais éclairé d'une belle expression de calme intelligence, m'apparaît dans son cadre : le grand Rhône vert... ses quais ensoleillés... Lyon... le charme de la grande ville aux brumes argentées enveloppant notre promenade, et, à mon côté, Francis, mon ami Francis! C'est Francis qui est là! Je prononce son nom. Une voix dont le timbre familier m'émeut profondément, répond :

— Qui m'appelle?

Je fais deux pas en avant :

— Moi, Lintier!

La surprise lui arrache un cri :

— Toi! Comment! Toi?

Dans l'ombre, nos mains se cherchent et s'étreignent.

— Ah! vieux!

La pluie s'est mise à tomber en gouttes pesantes et sonores. Il reste encore trois caissons à décharger. Nous serions mieux sous l'abri pour causer. Je demande à Francis :

— Tu es de garde?

— Non!

— Veux-tu que nous rentrions sous la casemate; voilà qu'il pleut.

Je fais un mouvement pour me glisser sous les rondins. Mais Francis, les bras grands ouverts, me barre le passage. Presque bas, avec une voix d'effroi, il répète :

— Non! N'entre pas! N'entre pas!
— Pourquoi?
— N'entre pas! Tu vas marcher sur eux! Sur le grand Louis. Il est en travers de la porte!
— Des morts?
— Trois... Oui. N'entre pas!

Devant l'émotion, qui fait trembler la voix de mon ami, je me suis éloigné. Il m'accompagne, et, tandis que l'averse nous bat les épaules, il se met à parler très vite, hachant ses mots, haletant :

— Oui, dit-il, c'est arrivé ce soir. La pièce a éclaté... J'étais là, à côté... Je suis tireur. Le grand Louis a été tué sur son siège... il n'a pas bougé... Les morceaux de la *jaquette* lui ont labouré le flanc... Le chargeur et le chef de pièce ont été tués aussi. Le chef de pièce a reçu la culasse dans le ventre... Lui non plus n'a pas fait ouf!...

Francis pleure, pleure comme un enfant. Il m'a pris par le bras :

— Viens les voir, murmure-t-il. Viens voir le grand Louis... La tête a été épargnée.

Je le suis. D'instinct, à l'entrée béante et noire de cette casemate qui est aussi une tombe, je m'arrête :

— Avance encore d'un pas, me dit Francis.

Et, sa lampe électrique illuminant l'abri de pièce, il murmure d'une voix de profonde pitié :

— Tiens, regarde-les, les pauvres gars !

Côte à côte, très droits, ils sont allongés dans un impeccable garde à vous.

Le rond de lumière blanche que projette la lampe et où apparaissent leurs calmes visages de cire aux yeux clos, aux fronts graves, leur fait une auréole de martyrs. Dans la pénombre, tordu, mutilé, informe, le cadavre de la pièce, près d'eux, a une extraordinaire majesté.

Longtemps, nous restons là tous deux en contemplation. Alors, Francis murmure, résumant toute notre commune pensée :

— Il n'y a pas de justice humaine, si les meurtriers de ces hommes-là ne sont jamais punis !

AU REPOS

28 août.

Depuis longtemps, on nous disait :
— La division va aller au repos.
— Quand?
— Bientôt.
Et les jours passaient dans la boue, sous la pluie et sous la mitraille. La grande forêt continuait à s'égoutter sur nos malheureux chevaux et sur nos tentes. Les canonniers répétaient avec des sourires sceptiques :
— On partira... on partira bientôt.
Comme d'habitude, l'ordre est arrivé en coup de foudre. A grand'peine, nos lourds caissons se sont tirés des gluaux de la forêt. Et, à présent, dans le matin clair, derrière les batteries, ils roulent au pas lent des chevaux amaigris, sur les chemins interminables au flanc de la montagne. La route est sèche. La poussière, que le soleil rend lumineuse, nous baigne, estompe les formes et les mouvements, fait de nous une

étrange théorie de fantômes gris. La rosée déjà s'est dissipée. Le soleil pèse. Falotes, dans un brouillard irrespirable, ces masses d'artillerie en marche évoquent les grandes résurrections d'ombres de Raffet.

En deux petites étapes, nous avons atteint le village vosgien où la batterie doit s'établir en cantonnement de repos.

Rousseau, mon ami Rousseau, *fait le logement*. Il court de porte en porte, s'évertue, tantôt insinuant, tantôt impératif et militaire.

— Allons, ma petite dame, vous avez une grange?

La vieille, au corbin de rapace, à laquelle s'adresse Rousseau, les poings aux hanches, semble défendre l'accès de sa demeure.

— Je n'ai point de grange!
— Et ce grand bâtiment?
— C'est plein.
— Voulez-vous me faire voir?
— C'est pour mettre vos chevaux, je parie? Je n'en veux point, de vos chevaux. J'en ai eu... des chevaux du train... je n'en veux plus!
— Rien que quatre ou cinq!

Désignant d'un geste tragique un tas de fumier où picorent trois poules, la bonne femme gémit :

— Voyez la jaune, monsieur! Ma pauvre

jaune !... Depuis qu'il y a eu des chevaux, elle n'ose plus rentrer !... C'est pas un mensonge !

Rousseau est obligé de pénétrer presque de force dans la grange. Rapidement, il l'arpente pour estimer sa contenance, tandis que la vieille continue à se lamenter et à implorer.

En anglaise majestueuse, il inscrit sur la porte avant de s'éloigner :

— *Chevaux 10*.

Mais il n'a pas fait trente pas sur la route qu'un gamin le rattrape et le tire par la manche :

— M'sieu ! Regardez donc la vieille : elle efface avec la *souille* ce que vous avez marqué.

Rousseau revient, et, minutieusement, il écrit, cette fois en lettres hautes d'un pied : *chevaux 13*.

La bonne femme trépigne, pleure.

— Vous êtes un méchant homme ! Je m'en vais le dire au maire... à M. Bastien. Il me défendra, lui...

Le bâton de craie en arrêt, Rousseau, narquois, regarde la vieille :

— Attention ! Tout à l'heure, ça va être 18 !

Furieuse, claquant la porte, la bonne femme s'enferme chez elle.

Autour du paisible village, le paysage offre le déploiement lent de ses collines et de ses vallons, les verts somptueux de ses prairies qu'enserrent de grands bois. Il fait tiède. Un bien-être, que porte l'air à travers les poumons, filtre dans les veines, se répand délicieusement dans tous les membres. On se sent le front léger, l'esprit libre, la poitrine plus large. Que la guerre est lointaine! Comme on a vite oublié les misères pourtant si proches! Un beau soleil, le parfum des champs, le silence, et ces hommes qui viennent de souffrir ce qu'aucun homme avant cette guerre n'avait souffert depuis que le monde est monde, oublient toutes leurs souffrances, peut-être leurs deuils intimes. C'est que la menace de mort suspendue sur leurs têtes, depuis un an, leur a appris à cueillir les heures fleuries au passage... Sous les crânes, comme par miracle, les cauchemars de sang se sont dissipés. Les yeux que naguère a figés l'horreur, à présent rient aux femmes.

Et, dans l'après-midi très calme, déjà, accompagnant les volées de coiffes blanches qu'essaiment les maisons du village, admirables types de soldats-laboureurs, la fourche à l'épaule, les canonniers, que grise l'odeur familière du foin coupé, s'en vont dans la campagne faner le regain.

DEUXIÈME PARTIE
EN CHAMPAGNE

SUR LES POSITIONS CONQUISES

30 septembre 1915.

Après plus de trente heures de chemin de fer, débarquement laborieux aux quais de Châlons-sur-Marne, dans une extraordinaire confusion de troupes et de matériel. Puis nous nous dirigeons vers la ligne de feu. Deux longues étapes à une nuit d'intervalle, au cœur d'un pays pouilleux. Le long des routes rectilignes et dans les moindres replis de la campagne fourmillent l'infanterie en marche, les grandes masses mobiles de la cavalerie, les colonnes d'artillerie, les caravanes de fourgons, les convois automobiles, un mouvement d'hommes, de chevaux et de voitures, comme nous n'en avions pas vu depuis les premiers jours de la guerre. On nous a fait ranger le long d'une sapinière géométrique, dans l'attente des ordres qui, une fois de plus, vont nous engager sur un front nouveau.

Nous croyions rester là deux heures : nous y sommes restés deux jours, dans un bourdonnement incessant de nouvelles officielles, de racontars et de potins de camp. Ce qui est bien sûr, c'est que les premières lignes allemandes ont été enfoncées. D'ici, on les voit près des nôtres, très blanches sur la plaine ensoleillée.

Nous avons déharnaché nos chevaux, établi nos tentes sous les sapins.

Vers le milieu du deuxième jour, une voix a crié dans le camp :

— « Le goum », à cheval dans dix minutes !

On a vu les éclaireurs et les agents de liaison courir en hâte à leurs montures et les seller. Tout de suite le capitaine a fait appeler les chefs de section :

— La batterie prête à partir à trois heures !

Ils ont transmis l'ordre à leurs chefs de pièce :

— La section attelée à trois heures moins dix !

Et à mon tour j'ai commandé :

— Deuxième tube. A trois heures moins le quart, prêt à démarrer !

Finalement, hommes et chevaux harnachés, on a attendu là jusqu'à la nuit.

Alors, dans l'extrême crépuscule que sillonnent de lueurs de plus en plus éclatantes, à mesure que le jour s'éteint, les feux des batteries et l'éclatement des shrapnells, commence une marche silencieuse, vers cette plaine où tantôt nous est apparu, nettement tracé sous la lumière, le réseau des lignes conquises, vers ces régions mystérieuses pour nous, toutes sanglantes encore des dernières victoires, et dont l'inconnu tout proche nous émeut déjà. Il s'est levé sur l'horizon une lune rousse. Des brumes basses, traînantes, montent des champs. Le dédale des tranchées et des boyaux creusés dans la marne claire se perd dans ces brouillards, se fond avec eux en indécises blancheurs.

Nous avons quitté la route où un encombrement, quelque part en avant, vers S..., retient là depuis plusieurs heures déjà deux files de fourgons immobiles, mornes comme des choses abandonnées.

Voiture par voiture, le groupe défile sur la plaine interminable. Il a plu hier. Nos pièces roulent sans bruit sur l'herbe rase encore humide. Çà et là, les vapeurs d'éther et de soufre des obus asphyxiants traînent encore dans l'air. De légers souffles de brise nous apportent des odeurs inquiétantes de pourriture. Un instinct quasi animal nous fait chercher dans le vent cette angoisse de la mort.

Et toujours, dans la clarté atténuée de la lune qui, lentement, gravit la courbe du ciel, sur la plaine nue, la vague blancheur des tranchées des boyaux! La colonne les longe, les contourne, les franchit parfois sur des ponts de bois sonores, jetés là en hâte pour nous livrer passage. Alors, vite, du regard, on fouille leur pénombre.

On est ému, angoissé. On n'a pas peur : rien ne nous menace. De temps en temps, seulement, un shrapnell hurle au ciel, trop loin pour nous inquiéter. Personne ne parle. On se recueille, on regarde de tous ses yeux... On espère d'autres victoires.

Devant moi, l'éclat intermittent des ferrures polies d'un cheval, à la longue, m'hypnotise. Les brumes s'épaississent. Seules, de grosses étoiles les percent encore. La lune se perd dans un halo. Il fait froid.

Une route s'offre. Sur la chaussée rectiligne, majestueuse parmi le labyrinthe des travaux, notre marche se fait plus bruyante. A droite, à gauche, des tranchées. Tranchées françaises, tranchées ennemies? On ne sait. Au bord du chemin, des arbres sont encore debout. On est surpris qu'après tant de mois de combats quotidiens, après le dernier ouragan de fer surtout, qui vient de balayer cette plaine, la mitraille en ait épargné un seul.

Sur un parapet de tranchée, des formes sombres : des morts sans doute! Un cheval gît sur le flanc au bord du chemin, déjà enflé.

Je chevauche botte à botte avec le premier des conducteurs de mon caisson. Son attelage fatigué faiblit. Il faut marcher. Pour la trentième fois peut-être, je répète :

— Allons, pousse tes chevaux...

Un convoi automobile, qui nous précède, nous arrête un instant. Répété de chef de voiture en chef de voiture, le commandement « Halte », aux deux syllabes nettement détachées, court dans la nuit, s'éteignant peu à peu pour mourir très loin vers la queue de la colonne.

Des servants ont sauté à bas des coffres pour se réchauffer.

Quelqu'un dit :

— Des morts!

Je ne les avais pas aperçus d'abord, alignés sur le remblai de la route. Je demande :

— Des Boches?

— Non, des nôtres... Nous ne devons pas être encore aux premières lignes.

— Abîmés?

— On leur a mis leur mouchoir sur la figure.

— Combien y en a-t-il?

Le servant les compte.

— Sept... Ils ne sentent pas encore.
Des moteurs ronflent.
— En avant!
Nous devons marcher vers le nord-ouest, laissant S... à notre droite.
De nouveau, la colonne quitte la route. On a comblé les tranchées sur un espace de quelques mètres, pour nous livrer passage.
— Attention, à gauche... un obus non éclaté! Faites passer!
Il faut veiller à chacun des pas de nos chevaux.
Et, sans cesse, je répète :
— Poussez vos chevaux... serrez... serrez! Ne décollez pas!
A tout prix, il faut suivre la voiture précédente. Seuls, nous ne découvririons certainement pas le passage.
— Attention! Un trou d'obus à droite!... Attention!... un autre...
Nous avons atteint la tranchée allemande.
— Attention aux piquets et aux fils de fer!... Faites passer!...
Des ruines! Ici, tout est bouleversé, éboulé, retourné. Les cyclones, les typhons, les tremblements de terre, les éruptions des volcans, les plus terribles cataclysmes de la nature n'ont pas de plus épouvantables effets. Éventrée par les obus, la marne a jailli de toutes parts

autour de monstrueux entonnoirs où traînent des cadavres en lambeaux. A cheval, je ne peux distinguer les uniformes. Je demande aux servants qui cheminent près des voitures et dont je vois les amples capotes s'incliner dans l'ombre sur les morts :
— Des Boches?
— De tout, c'est mélangé.

Cette nuit de brume claire qui ne nous découvre du champ de bataille que juste assez d'horreurs pour les faire imaginer toutes, le mystère de ces tranchées et de ces boyaux, le feu lent d'artillerie qui ne fait que ponctuer le silence, jalonner l'écoulement de ces minutes nocturnes, et puis aussi l'appréhension de ce que demain nous réserve, tout concourt à donner à ces moments une solennité extraordinaire!

Encore quelques centaines de mètres... La position qu'on nous a destinée est déjà à demi-organisée. Le groupe du ... qui l'occupait retire ses pièces. Pointeurs et sous-officiers se passent la consigne. Laborieusement, dans l'ombre et le brouillard, nous donnons à nos pièces la direction de celles qu'elles remplacent.

— Barrage à ... mètres! C'est entendu?

On s'informe encore de la couleur des signaux lumineux qui doivent déclencher le tir.

— C'est tout?

— Ma foi, oui! Mon pointeur a bien donné au vôtre la dérive de son point de repérage?

— Alors, il n'y a plus qu'à tirer... par trois, fauchez, aller et retour!

— Bien.

— Bonne nuit et bonne chance.

— Merci.

On se serre les mains. Le groupe relevé s'éloigne dans la nuit.

LA CONTRE-ATTAQUE

2 octobre.

A la première aube, les rafales de la canonnade, le crépitement de la mousqueterie et des mitrailleuses, l'aboiement des grenades à main, l'écrasement des torpilles, bref : le concert habituel de la contre-attaque m'a éveillé soudain.

J'ai bondi hors de ma maison souterraine où, côte à côte avec mon pointeur, je dormais sur la terre nue. Avec le jour, le brouillard semble s'être épaissi encore. Sur le champ, nos quatre pièces. C'est tout. Qu'y a-t-il à droite, à gauche, en avant? Sans horizon sur cette position inconnue, on se sent perdu, isolé du reste de l'armée, sans appui, extraordinairement seul.

Là-bas, la contre-attaque redouble de violence. Des fusées demandent le barrage. Le moindre retard peut avoir des conséquences dont la pensée m'angoisse, m'épouvante. Et toute la batterie dort encore!

Je cours à l'abri des officiers dont je heurte du poing la porte de planches.

— Mon capitaine, l'infanterie demande le barrage.

— C'est vous, Lintier?

— Oui, mon capitaine.

— Ne vous inquiétez pas. Nous n'avons pas de barrage à assurer.

Le sous-officier du ... que j'ai relevé m'a pourtant donné, cette nuit, tous les éléments. Mais je n'insiste pas, sachant combien les consignes changent vite.

Glacé par le brouillard, je plonge dans l'abri. Mon pointeur ne s'est pas éveillé. Les genoux au ventre, je me blottis contre lui sous ma couverture encore tiède, et, pour ne pas voir le jour qui grandit, je rejette sur ma tête la pèlerine de mon manteau.

LA PRÉPARATION D'ARTILLERIE

3 octobre.

Le réveil est mauvais. Julien analyse très justement le malaise qui, ce matin, nous laisse mornes et falots autour de la pièce :

— Ça fiche les côtes en long, de dormir comme ça, par terre!

— Si seulement il y avait un coup de *jus*, déclare le pointeur qui a la bouche mauvaise et l'œil triste.

En chœur, on s'en prend au cuisinier, au pauvre Mathurin.

— Alors quoi? Tu n'es bon à rien? Si tu ne veux plus en fiche un coup, dis-le tout de suite!

Lui se débat. Il ne sait pas si on peut faire du feu sur la position. D'ailleurs, il n'a plus de café.

La raison est péremptoire!...

Ordre d'enterrer immédiatement le canon et de placer les caissons dans un petit bois voisin.

Il faut s'attendre à un coup dur. On n'a que le temps de se préparer un abri de pièce, avant que le bombardement commence, un bombardement qui doit, paraît-il, durer deux jours entiers : quarante-huit heures pendant lesquelles il ne faut attendre aucun repos sérieux.

Royer, Léon Royer, l'aîné de l'équipe, dirige les travaux de terrassement. Son caractère droit et fier, presque taciturne, un sens inné du juste et de l'injuste, la mesure et la sobriété de ses propos lui ont valu un rare ascendant sur les autres servants. Léon est un de ces grands Celtes blonds dont on retrouve parfois le type surprenant de pureté au milieu des dégénérescences contemporaines. Il est solide, large, bien proportionné; son masque régulier et grave reflète fidèlement son caractère.

Le soleil a eu vite fait de dissiper les brumes matinales. Tout de suite la chaleur, et surtout la grande lumière sur la craie éclatante qu'entament nos pioches, rendent le travail pénible. Il se poursuit pourtant sans défaillance : l'instinct de conservation veille. Et, peu à peu, dans une poussière blanche qui nous rend pareils à des plâtriers, l'équipe s'enfonce dans la marne. Déjà nous y disparaissons jusqu'à mi-corps.

Derrière nous, sur le champ, la pièce, sous

les branches de sapin qui la masquent aux avions, attend sa place.

Le bombardement est commencé. Cela a pris comme le feu à une traînée de poudre. Et, maintenant, vingt coups de tous les calibres scandent chaque seconde. La terre tremble. C'est à devenir sourd ou fou. Je voudrais fixer ces instants affolants... Impossible! Ma montre à la main, l'horaire — où est prévu, minute par minute, le tir que je dois exécuter — affiché devant moi sur la tranche du plus gros rondin de l'abri, attentif à la dérive et à la hausse, je commande ma pièce. La gueule du canon affleure le sol. Chaque coup projette en avant un nuage de poussière blanche où apparaît, aveuglant, l'éclair de la poudre. Dans cette poussière, qu'un léger vent du nord rabat sur nous, dans la fumée de la poudre qui estompe les formes et les mouvements, cette chose d'acier au fond du terrier, entre les tas de marne claire, dans l'activité précise des servants, a pris vie, s'est transformée en une effroyable bête hurlante. Alentour, le vacarme ne fait que croître. Parfois, il semble que la canonnade prend un rythme, comme une respiration de machine monstrueuse. Mais, soudain, une rafale plus cinglante, l'énorme hurlement d'une grosse pièce, rompt cet ordre fugitif.

Je ne quitte pas du regard la grande aiguille

de ma montre. Elle approche d'une division prévue par l'horaire.

— Léon, six obus!

On visse les fusées, je donne la hausse au tireur.

A la longue, la pièce s'échauffe. Elle est déjà ancienne et commence à se fatiguer. Le sourcil froncé, de temps en temps, le pointeur passe ses doigts sur le tube dont la peinture se craquelle et commence à fumer.

Il grogne :

— Elle a bien chaud!

Cela m'inquiète un peu.

Pourtant, le tir se poursuit sans incident. A la longue, les servants n'entendent plus mes commandements. Il me faut hurler, courir de l'un à l'autre.

On a les yeux égarés, le masque farouche, sali de poudre.

La nuit est venue. Je commande la dernière salve de l'horaire.

— Et maintenant, halte au feu! Repos!

Nous allons tâcher de dormir un peu. La seconde section veillera seule jusqu'à minuit.

Un à un — car l'entrée de notre abri de couchage est étroite — moulus, ralentis par la fatigue et l'abrutissement, nous semblons dans la pénombre disparaître comme par une trappe au sein de la terre.

Silencieusement, nous nous allongeons au fond du trou, trop las pour parler. Mais, une pièce — qui, à quelques mètres de nous, toutes les deux minutes, ponctuellement, jette un obus à la nuit — fait trembler le sol, ébranle les rondins alignés sur nos têtes qui laissent glisser sur nous de la poussière et des cailloux.

Avec le soir, le bombardement a d'extraordinaires sursauts de rage. On s'endort malgré tout.

A l'aube du deuxième jour, le bombardement a pris fin. Tout de suite, l'infanterie a dû sortir des tranchées. Pendant quelques minutes, on n'a entendu que le grésillement lointain de la fusillade; puis les gros obus allemands ont commencé à s'abattre sur nos lignes.

Derrière les crêtes qui nous dissimulent à l'ennemi, nous ignorons tout de ce qui s'accomplit là-bas. Nous serions très las, si nos nerfs bandés par l'attente des événements ne nous soutenaient. Au bruit, on cherche à suivre la marche de l'offensive. Mais l'artillerie allemande qui, à présent, mène le concert, absorbe dans sa voix monstrueuse toutes les autres voix de la bataille. On attend; on est anxieux! Une heure passe!

L'affaire n'a pas dû réussir comme on l'espérait. L'ordre d'avancer que nous attendions n'arrive pas. On interroge les blessés qui commencent à passer. Beaucoup ont été atteints par le bombardement, en réserve derrière nos lignes ; ils ne savent rien.

Un chasseur à pied déclare :

— En avant, il n'y a rien eu à faire ! Mais à droite et à gauche, ça doit marcher.

La journée tout entière s'écoule dans l'énervement, sans nouvelles précises et sans ordres. Il est certain maintenant que nous ne changerons pas de position.

Le crépuscule s'éteint dans l'accalmie. Un feu d'artillerie lent et irrégulier s'établit le long des lignes. Quelques obus allemands passent avec ce bruit indicible qui ressemblerait peut-être au grincement du diamant sur une vitre, s'il ressemblait à quoi que ce fût. L'un d'eux a fait jaillir la terre près du boyau qui abrite nos cuisines. Sur l'occident encore clair, rouge au bord d'un morne horizon de tranchées, puis étrangement vert jusqu'à la première étoile, leurs grandes fumées flottent longtemps dans l'air immobile.

LES LAPINS

8 octobre.

Des hommes qui se sont levés de bonne heure ont vu dans la brume matinale s'ébattre un peuple de lapins. L'effroyable bombardement qui a bouleversé tout le pays ne l'a pas chassé de ses terriers. Au petit jour, à l'heure où les canons dorment, les lapins sortent de leurs trous pour prendre sur la terre humide de rosée leurs plaisirs habituels. On est surpris de leur multitude. Comment les Boches, qui ont séjourné ici pendant plus de treize mois, n'ont-ils pas cherché à améliorer leur ordinaire qu'on dit si maigre! Nulle part, sur la campagne retournée par la mitraille, on n'aperçoit ces terrassements caractéristiques que laissent derrière eux les chasseurs à la pioche. Sans doute avaient-ils des ordres formels. Et ils obéissaient! Drôles de gens! Pas même braconniers!

Armés de pelles et de pioches, trois canonniers sont déjà en chasse. Patiemment, ils travaillent à déterrer les lapins qui, effarouchés, en deux bonds sont rentrés à leurs trous.

Il fait frais; le travail réchauffe. On n'entend d'autre bruit que celui des pioches entamant le sol. Si, tout près, sur le champ, on n'apercevait pas, tapies entre les tas de marne, nos quatre pièces menaçantes, on oublierait presque la guerre. La chasse est facile. Les lapins ne peuvent s'enfoncer dans le calcaire; leurs terriers s'allongent et se ramifient à travers une mince couche de terre meuble.

— Tu es bien sûr qu'il y en a un dans ce trou-là? demande un des piocheurs.

— Oui, je l'ai vu rentrer comme je sortais de l'abri.

— C'est qu'il y a un autre trou à côté...

— Ah!... alors, tu sais, je ne peux rien dire... à deux ou trois mètres près, dans le brouillard!...

— Les deux trous communiquent peut-être, insinue le troisième piocheur qui se tient debout près des terrassements, appuyé sur le manche de son outil, attendant son tour de travail. Il va déguerpir à votre nez.

Prudemment, on bouche le trou et on se remet à l'ouvrage!

Comme je suis allé voir si Mathurin, notre cuisinier, était levé et s'il nous préparait le *jus*, j'ai trouvé, en revenant, deux lapins aux râbles roux et aux ventres blancs, allongés côte à côte au bord du terrier. Les chasseurs allaient atteindre le troisième. Ils avaient exploré le trou et, au bout de leur baguette de bouleau, ils avaient ramené une pincée de poil duveteux. Encore deux ou trois coups de pioche! Un canonnier retrousse la manche droite de sa chemise jusqu'à l'épaule, s'allonge sur la terre remuée et introduit son bras dans le terrier.

Les autres demandent :

— Tu l'as?

— Je le sens... Il se fait petit dans le fond.

Il se redresse, pioche encore, puis de nouveau enfonce son bras et fait effort...

— Le voilà!

Il exhibe à bout de bras le lapin qui s'agite, sursaute, se tend et se détend comme mû par un ressort d'acier. D'un revers de main, il l'assomme, l'étend près des autres, puis me regarde avec un sourire satisfait.

Heureux chef de pièce qui compte dans son peloton de pareils braconniers. Tout à l'heure, il va se régaler de gibelotte!

CONTRE-BATTERIE

19 octobre.

— Eh là!

Personne ne répond. Au fond de l'abri, tout le monde dort.

— Eh là!
— Quoi?
— Planton au téléphone.
— Eh bien?

Il fait une nuit d'encre. Les ténèbres semblent peser sur nous, nous oppresser.

— C'est vous le chef de pièce?
— Oui, c'est moi!
— C'est bien vous qui avez le tir sur la batterie Z?
— Oui.
— On me charge de vous avertir qu'elle vient de se mettre à tirer.

Avant-hier, un avion a réglé le feu de ma pièce sur cette maudite batterie Z. Depuis, elle est notre cauchemar. Dès que nous commençons à sommeiller, la batterie Z se met à tirer. Il faut se lever pour la contrebattre. Et cela recommence trois, quatre, dix fois dans la nuit.

De cet appel familier à tous les soldats, j'ai réveillé mon équipe :

— Debout, là-dedans!
— Qu'est-ce qu'il y a?
— La batterie Z.

Les plus énormes injures s'abattent à la fois sur cette damnée batterie.

— Entends-tu? demande Prosper, le tireur.
— Quoi?
— C'est sur nous qu'elle tire!
— Penses-tu! C'est du 77 qui tombe là-haut, et la batterie Z, c'est du 150!

Tout cela n'a pas duré quinze secondes. Les obus amorcés d'avance attendaient derrière la pièce, soigneusement alignés sur une vieille toile de tente, afin d'éviter aux douilles les souillures de la terre.

Avec ma lampe électrique de poche, j'éclaire le pointeur et le chargeur, dont les visages apparaissent étrangement pâles dans la clarté crue, penchés sur les appareils de pointage et sur la hausse. Tout de suite, je coupe le courant, car il faut ménager cette précieuse lumière. Dès hier soir, par prudence, nous avions pointé la pièce sur la batterie Z. Là-bas, sur l'horizon, par-dessus les cimes étrangement découpées d'un bois, on voit les lueurs lointaines des obusiers de 150 en pleine action. Des 77 sifflent; on entend passer des volées bruyantes d'éclats. Et, tout en se coudoyant dans l'ombre épaisse, les servants grognent toujours.

— Qu'est-ce qu'ils ont dans le ventre, ce soir !

— Ah ! la classe !

— Prêt, déclare le pointeur.

On se tait. La pièce est chargée; je commande :

— Feu !

Les ténèbres tout entières s'ouvrent devant la pièce. Le coup résonne, solitaire, immense. Les ondes sonores vont gémir au loin dans les bois. L'éclair rouge de la poudre a soudain illuminé le canon reculant sur les glissières, les six hommes en mouvement au fond du trou rectangulaire, dans une vision sanglante d'enfer.

Quinze coups! Quinze éclairs! Les échos n'ont pas le temps de s'éteindre.

Puis, brusquement la pièce se tait. Les ténèbres troublées s'apaisent, se referment sur le bruit. A son tour, le silence étonne. Le regard fixé sur les cimes des bois où apparaissent les feux de la batterie Z, côte à côte, dans l'ombre, nous attendons.

— Ça a l'air de les avoir calmés !

— Faut voir !

Là-bas, aucune lueur ne paraît. Une fusée éclairante monte des tranchées dans un sillage phosphorescent, puis s'arrête, accrochée en plein ciel comme une grosse étoile.

— Ils sont calmés!
— Il ne fait pas chaud!
— Allons nous coucher!
— Tu as bien repéré la pièce, François?
— Oui, elle est repérée.

LE DERNIER ACTE

24 octobre 1915.

Nous devions être relevés à la brune. Sur les positions, on bouclait les sacs, on roulait les couvertures et les toiles de tentes, lorsqu'un obus, un de ceux que, dérisoirement, on nomme les *obus fous* — parce que l'ennemi qui les envoie tire au hasard, pour tirer — s'est abattu derrière la batterie voisine. Le maître pointeur Faîne, le crâne ouvert, est tombé sur l'affût de sa pièce, sans un mot, sans un râle. Du même coup, quatre servants et le chef de pièce ont été grièvement blessés. On nous a dit cela; car une ligne de sapins nous cache le lieu de l'accident. Les infirmiers ont couru là-bas, et nous, un peu émus, nous avons poursuivi nos préparatifs de départ.

Quelqu'un a dit seulement :

— Pas de chance! Au moment d'être relevé!

Et un autre canonnier a murmuré :

— Quand ça doit venir!...

Que dire de plus?... C'est l'épée de Damoclès, qui, suspendue sur nos têtes, tombe. Le fil se rompt!

L'autre jour, en des circonstances pareilles, quelqu'un disait :

— C'est la vie!

Parole simple et sans fond!

On enterrera Faîne ce soir à 3 heures. Abandonnant pour un moment ma pièce, avec quelques canonniers qui avaient connu le mort, je suis allé là-bas.

Derrière les terrassements clairs où la batterie est abritée, le cercueil fait de planches jointes en hâte repose à découvert, sur la terre nue, au bord d'un grand trou d'obus. Deux rondins le portent. A distance respectueuse, on parle à mi-voix du mort et des autres, des blessés déjà partis vers l'arrière et dont l'état est très inquiétant.

Le brigadier infirmier est prêtre. Comme il s'avance, son petit livre de prières à la main, on se tait; lentement, on s'approche, les bourguignottes sous le bras. L'heure est silencieuse; un vent léger échevelle nos têtes nues. Le ciel gris répète les teintes mornes de la campagne. Près du cercueil, les quatre porteurs, côte à côte, attendent. Les paroles rituelles s'égrènent. Puis, le prêtre fait du front un petit signe. Les hommes soulèvent le mort, et, derrière l'officiant, le pas alourdi, les épaules effacées par la charge, lentement ils s'en vont par la voie qu'ont tracée sur le champ les voitures de ravitaillement. Le commandant conduit le deuil avec tous les officiers du groupe. Sous-officiers et canonniers en troupeau silencieux suivent.

Les lignes de tranchées au loin découpant la campagne, les collines couronnées de grands cadavres d'arbres tragiques et majestueux, tout un paysage d'une amplitude émouvante aux lointains bleus s'ouvre devant le cortège. On n'ira pas loin. Partout la terre n'est-elle pas aussi légère à nos morts?

Près d'un chasseur à pied et d'un chasseur à cheval, on enterrera Faîne. Les deux morts reposent à l'ombre de la même croix de bois blanc. Un bras de la croix porte le nom du chasseur à pied, l'autre, celui du chasseur à cheval. Tous deux étaient de la classe 15. Sur leurs cadavres de vingt ans, la terre se bombait, fraîchement remuée.

Devant la fosse prête, on a déposé le cercueil. Le prêtre psalmodie à mi-voix; on dirait qu'il parle au mort. Les visages sont graves. Chacun songe au destin qui, demain, le ramènera peut-être ainsi à la terre maternelle, ou qui, le sauvant mille fois encore de la mort, lui ouvrira l'avenir, le bonheur, la vie. Le chant monotone du prêtre berce dans leurs pensées ces hommes qui trop souvent ont vu la face de la mort pour qu'à l'heure présente elle les glace.

La bière va glisser sur les rênes de brides qui remplacent ici les cordes des fossoyeurs. La terre que le mort va épouser est miraculeusement blanche. Jamais robe de noces ne fut plus immaculée.

Le capitaine de Faîne a voulu dire encore quelques mots. Les paroles qu'il a prononcées étaient bien celles que nous attendions, graves et simples. Et, pourtant, nous eussions préféré que rien ne vînt interrompre le cours de nos pensées. Ce silence introublé autour de cette tombe béante, en plein champ de bataille, était si grand! L'ennemi lui-même semblait le respecter. Tous ses canons se taisaient. Et puis, l'attitude suprême de l'artilleur tombé sur sa pièce et l'embrassant dans la mort avait-elle besoin d'être expliquée? Le hasard l'avait faite majestueusement symbolique.

Faîne va marquer sa place au pays des croix Campagne déshéritée, campagne sans richesses, sans eau, presque sans vie, nulle ne sera plus belle. Et parce qu'ici rien ne pousse, parce que la nature oublieuse ne recouvre ni n'efface les passages de la mort, on ne verra sur ces champs que les croix, la multitude des croix toutes pareilles.

Elles constellent la plaine comme les étoiles constellent le ciel. Il y en a autant qu'il y a de clartés dans la plus belle des nuits d'Orient. Ces tombes rayonnent! Les plus magnifiques sont celles qui ne portent pas même un nom, celles où on lit : « 36 braves du 44ᵉ d'infanterie » ou « 16 soldats français »!

Lorsqu'on veut embrasser du regard toutes les lumières du ciel, on oublie qu'elles ont un nom. On ne voit plus Bételgeuse, Aldebaran, Sirius; on contemple le ciel. Ainsi on contemplera cette campagne héroïque!

Alors, il faudra que ceux qui viendront ici et qui verront le grand geste uniforme que traceront sur la terre les croix, lorsque le soleil roulant dans le ciel fera bouger leurs ombres, s'arrêtent et comprennent la grandeur du sacrifice! C'est cela que nous voulons! C'est cela que veulent nos morts! C'est cela que nous voulons, nous qui demain serons peut-être des morts!

Ce soir-là, à six heures, comme il avait été dit, nous quittions les positions.

LE TONNEAU

24-25 octobre.

Le chef avec les brigadiers a amené les avant-trains. De loin on a deviné leur approche, le cheminement de leurs masses sombres dans la nuit presque claire, le long d'un bois. Lorsqu'ils sont arrivés à proximité, les chefs de pièce ont appelé leurs attelages.

— Première!

— Deuxième! Sur moi!

Servants et conducteurs se saluent et s'interrogent. De tout un mois, ils ne se sont pas vus.

— Ça a été? me demande le brigadier.

— Oui, bonne position. Et vous autres?

— Ça allait!... A part l'abreuvoir. C'était tout un voyage, deux fois par jour aux puits... et l'eau n'était guère abondante... Enfin!... Et où va-t-on?

— Sais pas!... Les chevaux sont en bon état?

— Pas trop... Le ravitaillement était maigre pour eux.

— Mon cheval?
— Norbert l'a amené.

Tandis que les servants arriment sur les avant-trains les rouleaux de couverture et sur les caissons le paquet d'outils, je flatte de la main mon cheval. Je suis heureux de retrouver cette bête aux membres fins, aux yeux doux et craintifs.

Le chef m'appelle :
— Eh! Lintier! Prends donc le fût!
— Où voulez-vous que je le mette, le fût?
— Où tu voudras... sur ton caisson... sur la flèche de ton canon...

Comme l'eau manquait totalement aux abords de la position, une corvée nous amenait chaque soir un fût rempli aux puits. C'est ce fût que le chef veut me faire emporter.

Je me débats. Les obus ont labouré les champs qu'il va nous falloir traverser.

— Jamais un fût ne tiendra sur un caisson, je vous dis!
— Essaye... Tout le monde me dit la même chose. On ne va tout de même pas le laisser là?...

Je n'ai plus rien à dire.

Les servants roulent le fût à proximité du caisson, le hissent et le brellent.

— Ça ne tiendra jamais, dit Léon.
— Je sais bien... On me donne l'ordre de l'emporter... Attachez-le solidement!

— Moi, je veux bien, répète Léon, mais ça ne tiendra pas...

Le lieutenant demande :

— La batterie est-elle prête?

Je crie :

— Une seconde encore!

Les servants s'énervent.

— On n'est pas livreurs, grogne Julien.

— Es-tu prêt? me demande le chef.

— Tu vas f... toute la batterie en retard, avec ton fût.

— Mon fût! Mon fût!

Une grossièreté me monte aux lèvres, mais je me tais.

Enfin, le tonneau brellé tant bien que mal sur le caisson avec une corde à fourrage, la batterie démarre au pas, à travers les entonnoirs qu'ont ouverts çà et là les gros obus ou les torpilles et les coups de hache dont les 75 ont balafré la plaine. Je savais bien qu'il ne tiendrait pas, ce maudit fût. Déjà il tangue et roule sous ses attaches. J'ai recommandé aux conducteurs d'éviter les cahots. Mais nous sommes arrivés aux anciennes premières lignes ennemies où tout est bouleversé. On n'échappe aux barbelures des fils de fer que pour s'abattre dans des trous d'obus ou dans des tranchées à demi comblées. On dirait que ce maudit tonneau, qui roule sur sa panse, a des mouvements vivants pour s'échapper. Il va tomber...

— Léon! Mathurin!... Rattachez-le!
— Sacré sale fût!
— Si on s'arrêtait seulement!
— Ce n'est pas l'endroit ici.

Souvent, la nuit, l'ennemi bombarde avec ses gros obus la ligne de hauteurs que nous franchissons. Et puis le passage est difficile; je ne peux l'encombrer encore de la masse de mon caisson et de ses attelages.

S'efforçant de resserrer les cordes que les cahots leur arrachent des mains, les servants trébuchent à chaque pas dans les trous.

— On va se faire blesser, dit Léon.
— Sommes-nous artilleurs ou cavistes? répète Julien.

Je demande :
— Est-ce que ça va tenir, Léon?

Léon hoche la tête.

En effet, nous n'avons pas fait cinq cents mètres, que les liens de nouveaux relâchés, le fût de nouveau s'agite. Sa panse résonne sur l'acier du caisson.

Julien l'invective :
— Cochon!... Cochon! Cochon!...

Soudain, le tonneau glisse à terre et roule. Je commande :
— Halte!

Une à une les voitures de la batterie défilent

nous frôlent dans l'ombre. Un obus éclate au loin... Vers le nord, une de nos batteries qui tire illumine l'horizon de lueurs brèves, comme des éclairs de chaleur. Les servants sont essoufflés, nerveux. Les rires et les quolibets que les camarades leur jettent au passage achèvent de les exaspérer. Les nuages qui, à cette heure, courent dans le ciel, font la nuit plus sombre. Le temps presse; la batterie roule à travers champs, hors de tout chemin. Comment la retrouverai-je si je la laisse s'éloigner assez pour ne plus entendre son roulement étouffé sur l'herbe rase?

Le chef, qui chevauchait derrière la colonne, en serre-file, est resté avec nous. Tandis que les servants grognent, jurent et se chamaillent en assurant le fût dans ses attaches, j'échange avec lui des propos aigres-doux :

— Si vous croyez que c'est rigolo, votre saleté!... On va perdre la colonne.

— Il fallait mettre le tonneau sur la flèche du canon, il aurait mieux tenu.

— Mieux tenu?... Je ne crois pas!...

— Pressons-nous!

— Vous parlez bien!... Je vous dis : jamais ça ne tiendra... On sera obligé de prendre le trot; autrement on va se perdre!... Il fait noir! Si on prend le trot, votre sale futaille va tomber encore!... Alors!... Ah! C'est intéressant!

Le chef ne répond pas. Il hausse les épaules
Je demande :
— Ça y est?
— Oui!...
— Bon! En avant... au trot!
On repart. Je précède les attelages, cherchant à distinguer sur le champ nu les traces de roues qui, seules, m'indiquent à cette heure le chemin qu'a suivi la batterie.

Derrière le caisson, le chef surveille son fût.
— Halte! Halte! crie-t-il.
Je lâche un juron.

Le fût est tombé encore. Mais, dans sa chute, cette fois, deux douelles se sont rompues. Il est inutilisable.

— Vous êtes bien avancé maintenant? dis-je hypocritement au chef. Il est f... votre fût!

Il grogne :
— Abandonnez! Abandonnez!
— Ouf! dit Mathurin.

Avant de reprendre sa place sur le coffre, Julien décoche un furieux coup de pied à la futaille.

— Va donc!... Ordure!

Chevauchant botte à botte avec le chef, tandis que nous tâchons de rejoindre la batterie dont on entend à présent le sourd roulement sur une route, j'ai encore à subir ses reproches :

— C'est ta faute!... Tu y as mis de la mauvaise volonté.

— Mauvaise volonté!... Moi! En voilà une autre chanson! Pourquoi voulez-vous faire tenir un fût rond sur un blindage plat sans moyen d'attache?... Tiens!... Autre chose... Il pleut!... On va coucher dehors... Ça va faire tomber votre colère.

— C'est gai!
— Quoi? La pluie?
— Non, le fût.
— Ah! voilà la batterie... Au pas! Au pas!

Il pleut. Depuis que nous avons quitté la position, plus de cinq heures se sont passées. La batterie ne s'est arrêtée qu'un moment vers neuf heures sur la route obscure. Il est plus de minuit. La pluie tombe par rafales de plus en plus drues. Je m'oriente mal... Il me semble que nous roulons le long d'un itinéraire circulaire. Pourtant le bruit du canon se fait de plus en plus lointain.

Enfin, nous formons le bivouac le long d'un bois de sapins qui de loin, dans l'ombre, n'est qu'un carré plus obscur sur le champ nu. Quelle nuit! Quelle pluie! Mouillés, grelottants, nos chevaux une fois déharnachés et attachés aux cordes tendues entre les caissons, nous ne savons que faire de nous. Comment dresser nos tentes dans ce bois où les ténèbres sont épaisses et où l'eau tombe à grosses gouttes des arbres? Et puis, nous pouvons repartir d'un instant à l'autre.

Le vent se lève, âpre, violent. Il pousse les gouttes de la pluie glacée qui nous piquent au visage et aux mains comme autant d'aiguilles.

Au bord de la sapinière, nous avons allumé d'énormes brasiers. Le bois de sapin pétille. Autour des feux, sous l'averse qui ne cesse pas, nous nous sommes couchés en rond. Les flammèches viennent mourir sur nos manteaux qu'elles pointillent de petites cendres blanches. Personne ne dort... Personne ne parle... Parfois, un homme se lève, s'enfonce dans l'ombre des arbres. On entend les branches craquer. L'homme ressort de la sapinière, les bras chargés de bois que, d'un coup, il jette au feu.

Nous attendons le jour.

Nous nous souviendrons des bois de Cuperly.

Le surlendemain, nous embarquions.

TROISIÈME PARTIE
L'HARTMANNSWILLERKOPF

LE DÉPART

2 décembre 1915.

Comme de coutume, ce soir-là, ayant transmis les ordres de service pour le lendemain aux conducteurs et aux servants de ma pièce — promenade des chevaux, nettoyage du harnachement et du matériel — tranquillement, à la nuit close, j'étais allé dîner à la popote. Cette vie de quartier durait depuis tout un mois, depuis notre retour de Champagne. Nous parlions de la Sainte-Barbe prochaine. L'un de nous venait de partir en patrouille avec quatre hommes à cheval. Nous en étions au dessert; on riait autour de la table encombrée de bouteilles, lorsque le cycliste de la batterie entra en coup de vent :

— On part!

On fit un « Ah! » qui n'était qu'à demi étonné.

— Quand?
— Demain.
— Quelle heure?
— On va savoir. Le commandant demande le chef.

C'est moi, ce soir, qui fais l'appel dans ces ignobles baraques de bois où la batterie est cantonnée, en proie à toutes les misères de la vie de quartier. Les hommes chantent en préparant leurs sacs à la lueur de mauvaises lanternes.

— Ce n'est pas une alerte? me demande François.

— Non.

— Alors, finie la manœuvre à pied?

— Finie l'instruction sur le salut!

— J'aime mieux les positions avec les marmites que la vie de polichinelles qu'on nous fait mener ici, grogne Julien.

— Trop vieux, maintenant, pour pivoter comme des bleus.

— Qu'on en fiche un bon coup et que ça finisse!

— Où va-t-on?

— On cantonnera demain soir à la Bresse.

— C'est dans quelle direction?
— Sud, sud-est.
— Où ça va-t-il nous mener?
— Peut-être à Thann.
— On en parle depuis assez longtemps!
— Peut-être ailleurs.
— Peut-être nulle part. Moi, répète François, je crois toujours que c'est une alerte. On fera trois kilomètres sur une route, et puis on rentrera au quartier...
Toute la chambrée hurle :
— Non! Non!
— A bas!
— La fuite!
— Les positions!
— On nous embête trop ici!

DE CORCIEUX A LA BRESSE

Le 3 décembre, à dix heures du matin, notre batterie, la dernière du groupe, a quitté le quartier de Corcieux.

Il pleut à plein ciel! Il pleut toujours lorsque nous nous déplaçons.

Sur les sombres décors des forêts drapant les pentes sévères des hautes collines vosgiennes, la pluie très drue, poussée par un grand vent d'ouest, flots à flots ondule à travers la vallée. Les montagnes fument. Sur la route où l'eau séjourne en grandes flaques de la couleur du ciel, les voitures roulent au pas allongé des attelages dont les sabots pesants jettent de grandes gerbes de boue. Face au vent, les chevaux tendent l'encolure, baissent les oreilles. Les hommes, les épaules hautes, prêtent leurs casques à l'averse.

Nous traversons Gérardmer. Passé Gerpépal, tout de suite la route monte si rudement qu'il faut mettre pied à terre pour alléger la colonne. Au loin, les feuilles mortes des futaies de hêtres mettent sur les côtes des taches éclatantes malgré la brume. Des flancs de la montagne, de ses prairies, des éboulis monstrueux où sur le granit la mousse humide prend des teintes somptueusement veloutées, de partout, l'eau sourd à flots, jaillit, bouillonne, s'épanche en cascades qui marquent les monts de grands sillons d'écume. Le bruit de ces eaux est si impérieux qu'il ne permet plus d'entendre le roulement des voitures. Le vent apporte des odeurs de résine, mêlées à des parfums de sources.

A travers la forêt, la route ouvre de fantastiques perspectives de colonnades. Et les nuées, qui traînent jusqu'à effleurer les bois, n'en diminuent point la majesté. Des pentes ardues, les fûts des sapins jaillissent d'un même élan, miraculeusement droits, si haut qu'il ne semble point que les robustes piliers des hautes voûtes noires aillent en s'amincissant. Les brumes où se perdent leurs cimes semblent encore grandir ce peuple de géants immobiles.

Je ne sais pourquoi ce paysage, sombre sous le brouillard épais, m'emporte dans les régions féeriques des contes du Nord, ni pourquoi ces grands arbres, dont les basses branches chargées de lichens en chevelure grise lentement s'agitent au vent, m'émeuvent comme des spectateurs.

Hommes, chevaux et canons, cette artillerie défile, écrasée, infime, rapetissée jusqu'au ridicule par la majesté de la forêt.

Gérardmer, sa fraîcheur de ville d'eau ; puis, de nouveau, la montée, les grands bois et, quelque part, entre les arbres, le lac qui, sous l'averse, miroite vaguement.

Il est trois heures et déjà la nuit s'annonce. Lorsque, au col, on s'arrête pour laisser souffler les chevaux, en groupe près de nos voitures, sous l'averse qui n'a pas cessé, les hommes, dont les souliers sont pleins d'eau et dont les chemises collent à la peau, livides, claquent des dents.

— C'est épatant, déclare quelqu'un, on n'en crèvera pas.

Quand on repart, les montagnes, à droite et à gauche de la route, dressent dans l'extrême crépuscule des profils sauvages. On n'en devine que des silhouettes sommaires et désolées. Puis, peu à peu, la nuit achevant de se clore nous dérobe ces cimes effrayantes et alors commence dans de profondes ténèbres une extraordinaire descente aux abîmes. On ne découvre plus la voiture précédente. La pluie a cessé ; mais le vent s'est levé ; on n'entend plus les commandements. Au milieu de la colonne, on se sent seul, perdu. On est inquiet. Devant nous, au fond du gouffre, à des profondeurs que rien ne permet de sonder, des lumières brillent comme d'étranges étoiles au sein de la terre : des trous de clarté, des yeux dans l'abîme.

Puis, en suivant la pente sinueuse, peu à peu dans ces clartés lointaines des masses se devinent. On reconnaît un village avec ses feux. C'est là que nous allons.

A la Bresse, lorsque, dans la nuit noire, les voitures ont été dételées et laissées au bord de la route à la garde d'un brigadier et de six conducteurs, en hâte les hommes se répandent dans les cabarets pour y trouver un peu de chaleur et de lumière, avant de s'étendre tout mouillés sur le plancher poussiéreux d'un grenier où il n'y a même pas assez de paille pour se caler la tête.

DE LA BRESSE A KRUT

4 décembre.

Ce matin, il pleut encore. Il n'a guère cessé de pleuvoir. Nous nous sommes éveillés tard. Le lever a été lent. Les corps étaient douloureux et raides dans des vêtements qui n'ont pas séché. La batterie doit démarrer à sept heures et demie. Il est sept heures et les conducteurs commencent seulement à harnacher leurs attelages. J'ai beau les exhorter à se hâter; sous l'averse, embarrassés par la pèlerine de leurs lourds manteaux, ils ne semblent pas m'entendre, le visage fermé, les yeux mauvais. Le torrent roule à pleins bords à travers le village ses eaux jaunes dans un vacarme assourdissant.

Nous sommes partis à l'heure dite. Et tout de suite, par des chemins sinueux, pied à terre de nouveau, nous avons commencé à escalader la montagne. Les nuées qui traînent sur les bois et lentement s'échevèlent le long des pentes, la pluie que porte un grand vent d'ouest masquent les hauteurs du Honeck voisin et parfois le fond de la vallée, où un torrent a débordé dans les prés et où des enclos de pierres sèches semblent d'ici découper ces terres comme les lignes nettes d'une carte.

Les chevaux, dans le même effort, le poil luisant d'eau et de sueur, grattent de leurs sabots ferrés la route dure, encore gelée par places. Et, sous les branches des sapins qui s'incurvent sur le chemin, une buée chaude, une vapeur de vie monte de ces masses mouvantes dans l'air froid.

Par delà le col de Bramont, s'ouvre, ample et verte, la vallée de Saint-Amarin. Et Wildenstein, le premier village dans les prairies après la descente très rude, porte le reflet d'une âme nouvelle que rien, de l'autre côté des monts, ne nous avait fait soupçonner. Tout de suite on se sent en Alsace. Les maisons, avec leurs grands toits tristes qui descendent bas, encadrant les façades comme une cornette encadre le visage d'une nonne, ont toutes des expressions d'une austère intimité. Les minces tuiles de bois noircies par la pluie, minutieusement alignées, qui les couvrent disent la soigneuse patience d'une province qui vit de traditions.

A Krut, nous établissons notre parc près d'un petit cimetière que domine un grand christ, un christ comme on n'en voit pas chez nous, tout bariolé, peint de couleurs éclatantes, avec une ceinture bleu de ciel, des joues roses, surprenant dans la sévérité de ce paysage. Dans la salle au plafond bas d'une brasserie où nous sommes allés dîner, plus encore que dans les rues du village où grouillent trop de troupes, l'atmosphère, l'esprit particulier de ce pays nous enveloppe et nous surprend. La bière ruisselle d'une fontaine de faïence établie sur le comptoir. Des femmes blondes, bien trop fines pour être allemandes, la servent dans de grandes chopes. L'intonation qu'elles donnent à notre langue lorsqu'elles cessent de parler patois, intonation traînante, pâle, très douce, n'est pas sans charme.

De vieux Alsaciens rasés, aux visages maigres et honnêtes, très droits dans leurs vêtements noirs, corrects, qu'on dirait des vêtements de deuil, tous coiffés du même feutre mou à grands bords, boivent, presque toujours debout, du vin du pays qu'ils préfèrent à la bière. Leurs traits, quand ils parlent, ne bougent pas. Ils ne font aucun geste. Aucune parole ne sonne dans leur conversation.

Type surprenant de pureté! On sent qu'il vit ici une race qui ne ressemble ni à la nôtre, ni à celle qui vit là-bas, de l'autre côté du grand fleuve.

J'ai eu beaucoup de peine à loger, dans les

granges que le fourrier m'avait désignées, tous les chevaux de ma pièce. Les habitants ne comprenaient pas ce que je désirais d'eux. Il m'a fallu employer quelques mots d'allemand que la nécessité ramenait à ma mémoire pour, enfin, me faire entendre.

Ce soir, la moitié des conducteurs sont ivres.

— M'chal l'gis, gis! me dit l'un d'eux, un brave garçon qui s'occupe de mon harnachement, nous y v'là tout de même dans l'Alsace... Hein... J'ai bu... Ah! j'ai bu... Mais j'suis pas trop saoul.

— Tu ne tiens plus debout.

— J'tiens plus debout?... Regardez, m'chal l'gis, gis...

Et il se met à chanter en dansant, en agitant les bras :

> Marguerite, elle est malade!
> Il lui faut le médecin.
> Il lui faut... ôô...ô...
> Il lui faut... ô... ô...

— Couche-toi donc!

Mais il s'entête :

— Deuxième catastrophe!

> Marguerite, elle est crevée.

Et cela dure jusqu'à ce qu'il s'abatte, la face dans le foin, déjà endormi. Mais alors, le gardeécurie, un paysan sauvage qui agit avec les chevaux comme un dompteur dans une cage de fauves, se met à pousser à pleine gorge des hurlements épouvantables, à faire claquer à toute volée un grand fouet pour obliger les bêtes, dont l'une s'est détachée, à se ranger pour lui faire place. Les chevaux, effarés, se jettent les uns sur les autres, les naseaux hauts, les oreilles couchées, tremblants de tous leurs membres. Et vingt fois dans la nuit, ces cris de bête brute, avec leur accompagnement de coups de fouet et de piétinement éperdu de sabots ferrés, recommencent et nous réveillent en sursaut.

Les puces nous dévorent.

VERS LE WOLSKOPF

7 décembre 1915.

Après un jour de repos, la batterie, à travers l'admirable vallée de Saint-Amarin, est venue cantonner à Bitschwiller, d'où une dernière étape la conduira aux positions de la montagne.

Mais on nous apprend que, là-bas, il n'y a rien, rien que les sapins et les rochers et que, seuls, les chefs de pièce avec leurs servants iront d'abord préparer des emplacements pour les canons, des abris de bombardement, des abris à munitions, une baraque pour loger les hommes et une autre pour loger les officiers.

Il faut que dans cinq jours nous soyons en état de tirer, partant en état de résister à un bombardement; car, dès qu'elle tire, la batterie risque les coups de l'ennemi qui jusque-là l'ignorait. Nous savons bien que c'est demander l'impossible. Et, pour tout ce travail, la division que nous venons soutenir ici nous offre un wagon de planches que le capitaine m'a chargé de transporter là-haut dans trois grands chariots de parc prêtés par un détachement du génie, installé ici dans les ruines d'une usine bombardée et incendiée, parmi d'apocalyptiques cadavres de machines que déjà dévore la rouille.

A la gare, sous l'ondée, on m'annonce que mes planches ne sont point arrivées et qu'il me faudra les attendre jusqu'au train de 11 h. 15. Cependant, les autres chefs de pièce et la moitié des servants sont partis derrière le chariot où s'amoncelaient nos sacs, nos couvertures et nos toiles de tentes. Et je ne connais du chemin qui doit me conduire aux positions que son amorce au bout du village.

Il est midi passé, lorsque mes voitures enfin chargées, attelées de dix chevaux chacune, abordent la montée, une montée terrible, interminable. Quinze fois, il me faut faire arrêter le convoi, faire caler les roues pour permettre aux chevaux, que l'effort couche dans les bricoles, de reprendre haleine.

Par surcroît, une colonne descendante encombre la route. Nous nous sommes trouvés nez à nez dans un tournant. La voie s'est rétrécie jusqu'à n'être plus guère qu'un chemin de montagne. Patiemment, je fais ranger un à un contre le roc les caissons qui nous arrêtent. Immobile à cheval, presque narquois, le brigadier qui dirige le convoi descendant me laisse démener et crier. Je le giflerais. Que la place qui reste entre les essieux des caissons et le ravin est étroite! Mes lourds chariots de parc passeront-ils? Des yeux je mesure l'espace libre.

En avant!

La première voiture passe; la roue de la deuxième voiture accroche l'essieu d'un caisson recul.

— En avant! En avant! Sans hésiter.

Elle a passé.

— Au troisième!

Cette fois, le conducteur de derrière du chariot a fait un faux mouvement. Une roue s'est engagée sur la pente. Tout va s'abîmer dans le ravin! Sous l'effort des chevaux, le timon craque et se brise. Mais la lourde voiture s'arrête là, penchée au bord du ravin. Je donne l'ordre de dételer. On remplace le timon, puis, coordonnant nos efforts, nous réussissons à remettre le chariot sur le chemin. Il passe; je respire. Mais, derrière le dernier de ses caissons, le brigadier, toujours à cheval, encombre à lui seul le chemin. Furieux, je saisis sa monture à la bride et brutalement je la jette à droite.

— Vous ne pouvez même pas faire ranger votre cheval, imbécile!

Il pleut toujours. A pied, devant le convoi, je patauge dans une boue si fluide qu'elle ne conserve pas la trace des roues et des sabots des chevaux. Le premier attelage me souffle sur la nuque, m'éclabousse. Je sue sous mon manteau. Le chemin semble un torrent de sang à moitié figé, dévalant la montagne.

Enfin, j'atteins Thomansplate.

Le lieutenant m'avait dit qu'un planton m'attendrait là afin de me guider jusqu'à la position. Mais, à ce carrefour sous bois, près d'un petit cimetière aux tombes soigneusement alignées et que bordent des rondins couchés sur la terre caillouteuse, je n'aperçois qu'un douanier adossé à un arbre, immobile dans sa grande pèlerine au capuchon relevé.

Où aller?... Attendre?... Il est trois heures passées; le jour baisse : dans une heure il fera nuit. Et alors, sur ces terribles chemins qui risquent de devenir plus scabreux encore, à mesure que nous monterons, que deviendrai-je avec mes énormes chariots?... M'a-t-on oublié?... Depuis plus de deux heures, les camarades doivent avoir atteint la position. Pourquoi n'a-t-on envoyé personne à ma rencontre?

J'interroge le douanier. Il me dit qu'il a vu passer un grand chariot rempli de sacs. Je demande :

— Une vingtaine de servants suivaient?

— Oui.
— Du 44ᵉ d'artillerie?
— 44ᵉ? Peut-être... Je ne peux rien vous affirmer...
— Le chariot était attelé à dix chevaux?
— Oui. Mais tous les chariots sont attelés à dix pour monter la côte.

Je suis perplexe.
— Où mène la route qu'ils ont suivie?
— A l'Herrenfluh.

Je répète ce nom : « L'Herrenfluh... L'Herrenfluh... » Le capitaine a prononcé ce nom-là hier en parlant au lieutenant... Et puis, je ne peux demeurer à ce carrefour, sous la pluie, quand déjà la nuit s'annonce. Je fais signe aux conducteurs.

Ils me demandent :
— C'est bien la route?

J'affirme :
— Oui, c'est la route.
— Et c'est encore loin?
— Non, mais pressons-nous.

Le chemin, de plus en plus étroit, descend, monte, puis redescend. Les freins serrent mal. Les chevaux de derrière font des efforts tragiques pour retenir sur la pente les lourdes voitures. Ils se laissent pousser, les membres de devant raidis, assis dans l'avaloire. Mais résisteront-ils jusqu'au bas? Le poids des chariots ne va-t-il pas les entraîner? Alors!... attelages, voitures et conducteurs, tout dévalerait vertigineusement au ravin! Et la nuit tombe!

Nous aurions déjà dû croiser le chariot dans lequel l'équipement a été transporté là-haut. Si je n'ai pas pris la bonne route, comment faire faire demi-tour?... Les chariots sont plus longs que le chemin n'est large... Il faut marcher!

Encore un carrefour.

Un capitaine est là.

— 44°? Je ne sais pas! La batterie du capitaine de Mazenod, peut-être?

— Oui.

— Je peux vous dire qu'elle va prendre position par là... quelque part... Mais je ne sais pas bien où...

— Vous n'auriez pas vu un chariot plein de sacs?

— Non... Renseignez-vous donc au 2ᵉ d'artillerie de montagne, là-bas, aux baraques, au bord du chemin.

Un lieutenant du 2ᵉ de montagne me dit que je ne me suis pas trompé de route. Le chariot a bien passé au carrefour. Mais lui aussi ignore où ma batterie prend position. Il m'indique un étroit chemin qui fait avec celui que nous suivions un angle aigu.

— Allez par là... à un kilomètre à peu près; vous verrez une batterie de 155 à gauche sur la pente... Vous vous renseignerez là.

Cependant, la nuit s'est close. Tous les cent mètres, je fais arrêter le premier des chariots pour m'assurer que les autres le suivent. Les conducteurs s'inquiètent :

— On va finir par se tuer là-dedans!

Les ténèbres leur cachent à cette heure le ravin ouvert à leur gauche. Ils cherchent à mesurer dans l'ombre la largeur du chemin. De profondes ornières heureusement guident un peu les roues. De ma lampe électrique, j'éclaire de mon mieux la route, cherchant cette batterie de 155 où, paraît-il, on me renseignera. Et soudain, la silhouette du capitaine m'apparaît à l'entrée du sentier.

Je commande :
— Halte!
— C'est vous, Lintier?
— Oui, mon capitaine.
— On va décharger les planches ici. Le chemin de la position est impraticable à des chariots, surtout de nuit.

On cale les roues, on souffle. On dételle pour dégager le chemin. En hâte, les servants jettent les planches à bas des voitures de parc.

Le premier convoi vient seulement d'arriver. Deux fois la voiture a failli verser; deux fois il a fallu la décharger, la remettre à bras sur le chemin, puis la recharger. Les sacs, les musettes, les rouleaux de toiles de tentes et de couvertures gisent encore là en monceau dans le bois. J'y cherche mon sac d'homme monté; il est souillé de boue, tout mouillé.

Les chariots ont vite été déchargés. Mais comment retourneront-ils à Bitschwiller? Le capitaine prend lui-même le commandement de la manœuvre. Les servants se mettent aux roues et au timon. Il faut utiliser, pour tourner les lourdes voitures, l'amorce du sentier qui mène à la position. Quatre lampes électriques éclairent l'effort des hommes. De l'infanterie, descendant aux tranchées, commence à passer en file indienne, achevant d'encombrer le chemin. On doit interrompre le travail. Les fantassins, qu'aveugle l'éclat de l'électricité, tournent vers nous d'étranges visages éblouis. D'aucuns se tiennent par un pan de capote, par un fourreau de baïonnette, pour ne pas se perdre dans les ténèbres profondes.

Sans fin, ils surgissent de l'ombre.

— Combien donc êtes-vous? demande le capitaine.

— Un petit mille!
— Un bataillon!
— Neuf cent soixante-dix-huit, sans compter le chien du pitaine!

Après une grande heure de travail, les chariots sont enfin tournés, prêts à être attelés. Je reste ici avec mes servants. Un brigadier s'apprête à prendre le commandement du convoi pour tâcher de ramener les trois voitures à Bitschwiller, lorsque, à son tour, le fourgon de ravitaillement vient s'embouteiller ici et barrer la route aux chariots qui allaient partir. On enrage! Il faut pourtant décharger les vivres, laisser un servant pour la nuit à les garder — car on ne peut songer à les distribuer tout de suite — puis tourner à bras le fourgon comme on a tourné les trois autres voitures. Il pleut toujours.

Maintenant, il nous reste encore à gagner la cabane où nous devons achever cette nuit si mal commencée. Les officiers retournent à Bitschwiller. Arsène Gouhier, mon ami Arsène, maréchal des logis commandant la deuxième section, prend la direction de la petite troupe.

— Tout le monde derrière moi!
— Mais, où es-tu?
— Attends, Gouhier, que je retrouve mon sac!
— Où est mon mousqueton?
— Ah! misère!
— Quel fouillis!
— Un peu de lumière!

Les jets de clarté des lampes électriques convergent sur ce coin de bois où gît encore la moitié de notre équipement sur les feuilles mortes.

— Tout est mouillé.
— Malheur!
— Troisième pièce, par ici!
— Deuxième!
— Éclaire-nous, Lintier, crie Mathurin, demeuré en détresse avec ses plats et le rouleau de couvertures.
— Pressons-nous! clame Arsène.
— Lumière!
— Ça y est, enfin?

Personne ne répond. On part. Mais il fait si noir qu'il faut toucher l'homme qui marche devant pour être sûr de ne pas s'égarer. La longue manœuvre sur le chemin a épuisé l'électricité des lampes de poche. La mienne achève de s'éteindre. Un point blanc en avant — la lampe d'Arsène sans doute — seul nous guide.

Déjà, de derrière, on crie :

— Pas si vite, en tête!
— On est chargé!

Et voilà que le sentier se met brusquement à descendre à pic à travers bois. On devine des marches rustiques. Les pieds hésitent, tâtonnent et butent. Et sur la pente, presque direc-

tement au-dessous de nous, la lampe fuit, fuit,
dévale. Dix voix hurlent :
— Pas si vite, bon Dieu!
— Pas si vite!
— On ne suit pas!
— On va se casser la gueule!
Désespérément, j'appelle :
— Arsène!
Sa voix, toute proche, répond :
— Ce n'est donc pas toi qui conduis?
— Non.
— Qui est-ce?
— Sais pas!
— Ta lampe?
— Elle est usée.
— On va se casser les pattes.

Et, derrière, une voix de détresse répète sans
cesse :
— Pas si vite, pas si vite, en tête! Qu'est-
ce qu'ils ont donc dans le ventre!

Mais, sur la pente toujours plus raide,
l'homme qui porte l'unique lampe ne semble
pas entendre.
— Quel animal!
— Quelle brute!
— Est-ce que c'est long comme ça?
— Encore assez, répond Arsène.

Un homme en tombant brise une branche de
bois mort et jure.

Quelqu'un déclare :

— J'aime mieux me coucher là au pied d'un arbre.

A mon tour, je m'abats. Quelle nuit! Où nous mène-t-on? A présent, hors de tout chemin, de tout sentier, nous dévalons dans des éboulis. Des hommes tombent, entraînant des pierres, qui très longtemps roulent sur la pente. Un coup de canon au loin sonne comme un grand coup de poing sur un gong. La lampe s'éloigne toujours davantage. On est las de crier.

— Ils n'attendront pas!
— Les chameaux! Les chameaux!
— Ah! Je laisse le rouleau, déclare Léon. Je ne peux plus. C'est à crever!
— Saleté! grogne Julien.

Je heurte en passant le rouleau abandonné. Mes couvertures sont restées là; mes vêtements sont trempés. Comment dormirai-je? J'essaie de charger le rouleau sur mon épaule. Mais les cailloux roulent sous mes pieds; je dévale sur le dos. A mon tour, rageusement, je laisse le rouleau parmi les rocs.

Enfin, la porte d'une cabane projette sur des troncs d'arbres et des pierres moussues un rectangle de clarté fauve.

— C'est là!

J'entre le dernier et furieux, à bout de souffle

et de force, les genoux sanglants, les reins douloureux, d'un grand coup de pied je ferme la porte de planches.

Dans la pénombre, pleine d'hommes, quelqu'un ronfle déjà.

SIX SEMAINES AU WOLSKOPF

8 décembre 1915.

Je n'ai pu dormir. L'humidité de mes vêtements, comme un manteau mortel, me glaçait. Et puis, vers le milieu de la nuit, des fantassins venus chercher refuge dans la baraque nous ont obligés à nous serrer, sur le treillage à volaillerie qui sert ici d'isolateur, à tel point qu'il a fallu se tenir sur le flanc.

Ce matin, on entend une grande rumeur : la pluie sur la forêt. Si mal qu'on soit, on hésite à se lever. Les reins sont douloureux, les têtes lourdes, les regards embrumés et tristes. On a la bouche mauvaise comme après une journée d'ivresse. Nos pieds meurtris ont enflé tandis que les souliers mouillés se sont rétrécis. Il faut faire pour se chausser des efforts interminables.

Celui qui le premier s'est glissé dehors a constaté qu'il ne pleuvait plus. Seul le bruit d'une cascade proche nous donnait l'illusion de l'averse.

Mais les bois, en pleine nuée, sont encore presque ténébreux, quoique déjà il soit sept heures passées. Gravissant la pente dont les surfaces cailloutheuses gardent encore la trace de nos glissades d'hier, les hommes s'égrènent chargés de ballots de couvertures et de tentes.

La position qu'on assigne à notre batterie est un étroit collet dans la forêt. En avant, en arrière, le paysage s'abîme en cascades de rocs et de verdure. A droite et à gauche, on devine dans le brouillard des crêtes amollies par d'épais manteaux de sapins.

Ainsi, nous voici, au plus creux de l'hiver, jetés au désert de la forêt et de la montagne avec, pour seul abri, nos tentes individuelles. Il ne faut pas, en effet, songer à passer les nuits prochaines dans la cabane du ravin. Ce n'est que par humanité — et peut-être aussi parce qu'on y aurait trouvé quelque difficulté — qu'on ne nous a pas jetés à la porte cette nuit lorsque les fantassins sont arrivés.

Le capitaine qui s'occupe des cantonnements de la région nous a avertis. D'ailleurs, personne d'entre nous ne veut plus affronter le soir, une fois la journée de travail finie, la longue descente à travers les cailloux. Julien s'est poché l'œil sur un moignon de branche. Deux hommes boitent; un autre s'est écorché les côtes sur les rochers.

Par surcroît de misère, la pluie s'est remise à tomber tandis que nous dressions nos tentes entre les sapins. L'humus de la forêt est imprégné d'eau. On n'ose creuser pour trouver un sol plus sain : l'égout des toiles inonderait alors nos demeures. On se borne à écarter les feuilles mortes et, l'abri une fois monté, à l'entourer d'un étroit fossé afin de ménager un écoulement des eaux.

Pour ces installations sommaires, on s'entr'aide selon les amitiés. C'est deux à deux qu'on est le moins mal sous la tente. Porte à porte, la tente de Léon et de Julien, celle de Prosper et de Petit et la mienne, que je partage avec François, s'ouvrent sur un coin de bois moussu entre des roches.

Mathurin, qui a installé le foyer de sa cuisine entre les racines d'un gros sapin dernièrement abattu, en nous distribuant la soupe nous apprend que le fourgon qui devait nous ravitailler a eu un accident.

— Il s'est fichu quelque part dans un ravin. Il n'y aura pas de distribution aujourd'hui.

— Et le courrier?

— Il n'y aura pas de courrier, puisque c'est le ravitaillement qui l'apporte.

Je demande à Mathurin :

— Et qu'est-ce qu'il nous reste comme vivres?

— Rien! Nous mangeons le dernier repas!

A quoi bon se plaindre!... Tout de même, il y avait longtemps que nous n'avions connu des jours aussi misérables.

L'après-midi se passe, sous les averses alternant avec les nuées, à transporter à dos les planches laissées hier à l'entrée du sentier. L'eau qui les imprègne double leur poids. Courbés sous le fardeau, dans la boue jusqu'aux chevilles, silencieusement les hommes défilent entre les fûts droits des sapins, tout de suite se perdent dans le brouillard.

A quatre heures, avec la nuit, l'averse redouble de violence et le vent se lève. Quelques coups de canon résonnent. Nous nous sommes glissés sous nos tentes si exiguës, si basses, que, même assis, de la tête on frôle la toile. Mouillés jusqu'à la peau, transis, enveloppés dans nos couvertures que la pluie a détrempées ce matin tandis que nous dressions nos tentes, nous grelottons en attendant le sommeil. Deux ou trois bougies veillent seules derrière les toiles jaunes. On n'entend aucun bruit de voix. Il semble que l'eau a une intelligence mauvaise. Elle filtre par les boutonnières des tentes, elle s'insinue le long de la corde à fourrage tendue entre deux arbres et qui tient tout l'édifice, pour lentement s'égoutter sur nous. Il faut se garder de toucher aux toiles, de la tête ou de l'épaule : elles cesseraient d'être imperméables

J'écris ces notes sur mon genou. Si ce n'est pas l'eau qui vient délayer mon encre, c'est la bougie pendue au bout d'un fil de fer qu'à chaque mouvement je heurte et qui laisse tomber sur mes mains et dans mes cheveux du suif brûlant.

Le vent souffle à présent en tempête, agite nos tentes. Résisteront-elles ? Les rafales passent dans les sapins avec un bruit d'ailes immenses. De très loin, on les entend courir sur la forêt. On guette leur approche. Les arbres craquent ; brusquement l'eau des branches s'abat sur nos toiles avec un crépitement de grêle. Puis, la rafale passe...

Quelle nuit ! Et douze heures nous séparent encore de l'aube !...

9 décembre.

Il pleut toujours. L'eau s'égoutte implacablement d'une boutonnière de tente élargie par l'usage, ruisselle sur mon genou droit. Sous mon corps, je sens la terre molle d'humidité. Une vague clarté filtre à travers les toiles. C'est le jour enfin ! François geint dans un demi-sommeil agité.

Que le réveil est pénible ! L'humidité nous a tous à demi paralysés. Il faut aider Mathurin à allumer son feu. Il a préparé hier pour le café du matin un tas de bois mort, mais il n'a pas de papier. Lorsqu'on lui en a trouvé et qu'il flambe, le bois tout humide fume et crépite sans brûler. Il faut se reprendre, user de patience. Enfin, le café bout ! On se réchauffe les mains aux quarts où Mathurin le verse, avant de le déguster à petites gorgées.

— Allons, dis-je en prenant une pioche, il va falloir se décider à se mettre à l'ouvrage.

Mais j'ai grand'peine à rassembler mon équipe sur la place marquée par trois sapins et deux hêtres que le capitaine a assignée à ma pièce. Et lorsque tous les servants sont là, devant l'énormité de l'ouvrage à entreprendre, devant l'acharnement de la pluie à nous battre les épaules, je les vois hésiter. Ils discutent, tirent des plans. A grands coups de pioche, parmi les feuilles mortes, je trace l'emplacement de la pièce.

— Voilà !... On fera la casemate ici !...

En rechignant, un à un, les servants se décident. Minutieusement, François se choisit un outil. Tandis que Léon et François commencent à creuser l'abri de bombardement, avec Petit, Julien et Prosper je suis allé débiter des troncs de sapins et de hêtres, étendus çà et là par les obus dans les épaisseurs de la forêt. Il importe de respecter le masque de verdure qui, seul, va dissimuler à l'ennemi les lueurs et les fumées de nos pièces.

A quatre, à six, à huit, parfois à dix hommes même — et il faut alors réclamer l'assistance de la pièce voisine — nous chargeons sur des branches de hêtre ces pesants rondins pour les porter à la manière des croque-morts. Deux à deux, réglant notre marche sur celle des porteurs de devant, raidis pour ne pas succomber à la charge qui nous attire vers le sol, nous avançons par saccades, pareils à des automates. Parfois, le fardeau est si lourd qu'il faut tous les vingt mètres s'arrêter pour se reprendre. On va jusqu'à ce que l'un de nous se sente prêt à lâcher prise. Alors il crie : « Halte! » On dépose l'arbre à terre avec précaution. On reprend haleine. On se tait : l'effort est trop rude, les poitrines trop houleuses pour qu'on s'essouffle à parler. Et puis, il pleut trop!

On repart... Et cette vie de travaux surhumains va durer des jours et des jours, autant que notre séjour ici. Jamais un abri n'est achevé; jamais on ne trouve sa protection suffisante. N'est-il pas notre plus sûr gage de vie? Tantôt on y apporte un rang de rondins, tantôt une grosse pierre, et le lendemain on le couvre de terre. Cela ne finit jamais.

L'étroite tranchée, qui est l'élément capital d'un abri de bombardement, ne pourra être creusée aussi profondément qu'il le faudrait — Léon en piochant a trouvé le roc, un roc dur où son outil s'émousse. Dès demain, nous la couvrirons d'une première couche.

La tâche de la journée finie, on voudrait se nettoyer le visage et les mains. Mais l'eau manque ici. Mathurin a dû faire cinq cents mètres pour en remplir ses deux marmites. On est réduit à se torcher les mains aux branches chargées de pluie des sapins.

Ce soir, devant le grand feu de la cuisine, nous nous entêtons tous à nous sécher d'un côté tandis que la pluie qui n'a pas cessé de tomber nous mouille de l'autre. Accroupi sur les pierres du foyer, Léon tend son derrière au feu. Les flammes frôlent sa culotte mouillée qui fume. François, à genoux, présente ses cuisses au brasier qui illumine durement son masque sévère de Breton. Quelqu'un toussote. La pluie grésille sur le feu.

Avant que la nuit ne soit tout à fait noire, en file indienne, parmi les grands sapins et les rochers, silencieux, nous regagnons nos tentes.

10 décembre.

Le capitaine a réuni ce matin les chefs de pièce. Il faut que nous soyons en état de tirer après-demain à midi. Les pièces arriveront demain. Nous savons depuis quelques jours déjà qu'on nous a amenés ici pour tenter une nouvelle attaque contre la fameuse montagne d'Hartmannswiller. L'ennemi connaît déjà la position que va occuper notre batterie, comme les arbres mutilés l'attestent. Il ripostera sans doute dès que nous tirerons. Et alors?... Il est impossible d'être dès après-demain à l'abri de ses coups... Nous l'avons dit! Mais le capitaine n'y peut rien.

Toute la matinée s'est passée à un labeur acharné sous cette implacable pluie qui ne cessera donc jamais! Vers midi, le vent, de plus en plus âpre, nous a flagellés d'une giboulée de grêlons gros comme des œufs de moineau qui crépitaient sur nos bourguignottes. La grêle ne nous a pas arrêtés. Seulement, un nouvel arrivage de planches, destinées à la cabane que nos *ouvriers en bois* construisent en arrière et à gauche de la position, suspend notre travail. Un des chariots, à l'entrée du sentier, est tombé au ravin, entraînant les attelages. Un conducteur de la deuxième pièce a eu la jambe fracturée.

Je suis demeuré seul sur mon chantier à préparer la plate-forme où je dois établir ma pièce en attendant que je puisse l'abriter sous une casemate. Jamais nous ne serons en état de tirer après-demain et cela m'inquiète. Mais les autres chefs de pièce ne sont pas plus avancés.

Las de manier la pioche et la pelle, je n'ai pas même ce soir le courage d'aller jusqu'au feu des cuisines. La neige s'est mise à tomber. Sur le sol humide, elle fond à mesure qu'elle tombe. Fourbu, je me glisse sous ma misérable demeure où j'ouvre ma dernière boîte de conserve. François m'y rejoint.

Comme je m'allonge sous mes couvertures, plus fatigué qu'affamé, de la tente toute proche Prosper et Petit m'interpellent en chœur :

— Eh! chef de pièce! Bonne fête!
— Bonne fête? Comment?
— Mais oui!

Quel calendrier fantaisiste a bien pu leur indiquer un saint Paul en décembre? De l'autre tente, en écho, Mathurin et Léon me crient à leur tour :

— Bonne fête, maréchal des logis!

Julien s'excuse :

— On ne se lève pas : on est tous déchaussés. Et puis, il neige trop.
— Ça ne fait rien. Merci... Bonne nuit!
— Bonne nuit!

François, sous la couverture qui nous couvre tous deux, cherche ma main et murmure :

— Bonne fête, hein!... Et le retour!

— Merci, vieux! Tu n'as pas froid, ce soir?
— Si, il fait froid, très froid!

11 décembre.

On n'a pas pu dormir. Il faisait trop froid. Les manteaux étendus sur nous sont raides de gelée. Nos toiles de tentes plient sous la neige. Les chaussures de François, qu'il a poussées dehors, en se tournant d'un côté sur l'autre pour chercher le sommeil, sont collées au sol. Il règne un ciel bleu sur la forêt qui est blanche. On est surpris de sa clarté. Il semblait que jamais la pluie ne cesserait, que jamais les nuées ne se dissiperaient.

Au loin, dans la plaine, une mitrailleuse crépite; quelque part, au fond d'un ravin boisé, une de nos batteries lourdes tire très lentement.

Le froid rend nos pieds à ce point douloureux qu'on les croirait brûlés au fer rouge. Léon et François, dont les souliers sont gelés, ne peuvent se chausser. Il leur faut courir au feu de la cuisine sur leurs chaussettes et là, faire sécher les chaussettes que la neige a mouillées, puis dégeler leurs chaussures.

Devant le front de batterie s'ouvre enfin le paysage que la pluie et les nuées nous avaient dérobé jusqu'ici, toute la plaine d'Alsace grande ouverte avec ses routes, ses villages, ses bois, ses prairies, la province verte où des eaux miroitent jusqu'à l'horizon, jusqu'aux hauteurs de la Forêt-Noire, éclatantes sous la neige.

— La v'là, l'Alsace, murmure François.

— Allons, vieux, dis-je, au travail!

L'abri de bombardement attend encore sa couverture de gros rondins. Mais on hésite à étreindre à pleins bras, pour les soulever, les troncs énormes transportés en deux jours de dur labeur et qui, ce matin, sont couverts de neige. Et puis, nos mains glacées sont incapables des prises solides qu'exige le travail.

On s'y décide pourtant et, vers midi, avant de répondre à Mathurin qui nous appelle de sa cuisine, nous avons la joie — une joie profonde, à la fois d'architectes et de maçons — de contempler notre abri déjà couvert de ces premiers rondins qui vont porter tout le reste de l'édifice.

— Si on peut le faire comme on a dit, ils pourront envoyer du 105, déclare Petit.

— Du 150, renchérit Julien.

— Du 420, grogne Léon en haussant les épaules. Espérez donc plutôt qu'ils n'enverront rien du tout et faites un abri aussi solide que possible pour le cas où ils enverraient quelque chose.

12 décembre.

Décidément, pour construire un abri de bombardement, pour édifier une casemate, il faut une quantité de bois qu'on ne peut imaginer lorsqu'on n'a point fait cette guerre de position. Une casemate est une chambre presque absolument close, assez étroite pour risquer le moins possible les coups et assez large pour permettre le service de la pièce. Nous ne songeons point à en bâtir une capable de supporter le choc d'un gros obus. Nous n'en avons pas le temps. Nous cherchons seulement à nous abriter des coups fusants et des éclats des obus explosifs, et déjà, si nous y réussissons, ce sera pour nous une grande sécurité.

Dès la première heure du jour, Léon portant la hache et moi la scie, nous sommes partis à travers bois par le sentier de l'observatoire, le nez en l'air, cherchant des yeux, pour les abattre, les sapins les plus droits. Le plus difficile n'est pas de scier le tronc à sa base. Il faut encore, en entaillant d'abord le fût, puis en s'arc-boutant, en poussant l'arbre de l'épaule et des bras lorsqu'il ne tient plus à ses racines que par quelques fibres, diriger habilement sa chute. Souvent la cime s'accroche à une cime voisine et il faut alors d'interminables efforts pour jeter le sapin à terre afin de l'émonder et de le débiter. Parfois on n'y réussit pas.

Le froid, ce matin, raidit nos doigts. La nécessité de ne pas dégarnir les abords de la position — car seule la forêt nous défile aux vues de l'ennemi — l'enchevêtrement des lignes téléphoniques qu'il importe de respecter, rendent malaisé notre travail.

Tout le jour, les bois ont résonné sous notre hache. L'instant émouvant est celui où l'arbre ébranlé commence à vaciller. Il faut saisir la seconde favorable où la cime penche du bon côté, pour faire effort et l'abattre à la place choisie. Alors il craque, s'incline, brisant des branches aux arbres voisins, et s'abat dans un grand fracas parmi des nuages de neige fine.

Léon est un silencieux. Nous avons jeté bas et débité douze géants de la forêt sans prononcer trente paroles. L'ennemi a envoyé quelques obus sur les bois qui s'étendent à droite de la position, trop loin pour nous obliger à interrompre notre tâche. Seulement, ce soir, en descendant l'étroit sentier qui conduit à nos cuisines, tournant le dos au crépuscule clair et glacé, Léon me dit :

— Je n'en peux plus! Encore un sapin et j'aurais refusé l'boulot! Vrai!

Je ne sens pas encore la fatigue; ce n'est

qu'au retour des nouvelles cuisines établies dans une baraque en planches, construite derrière la position et assez bas sur la pente pour que l'ennemi ne puisse voir les fumées de nos feux, qu'une mortelle lassitude s'empare de moi. Il fait à présent clair de lune. Sous la lumière blanche, qui semble rendre plus glaciales encore ces heures nocturnes de gelée, on aperçoit de lointaines silhouettes de montagnes à travers les éclaircies des bois. Entre les branches des sapins, çà et là, la lune éclaire la neige ou illumine un fût très droit, immense.

Un instant je me demande si je ne vais pas tomber là sur le chemin. Il me semble, lorsque j'ai atteint ma tente, que je vais m'endormir tout de suite dans la tiédeur de mes couvertures près de François qui dort déjà. Mais il fait trop froid. Dans l'immobilité il me semble qu'un linge humide et glacé se colle à mes épaules, à mon buste. Je me tourne. François soupire. Je remonte mon manteau sur ma tête. Dans un demi-sommeil secoué de frissons, longtemps encore je perçois des chants venus d'une tente voisine qui résonnent extrêmement clairs dans la nuit et dont je ne comprends plus le sens.

18 décembre.

Après de nouveaux délais, nos pièces sont arrivées avant-hier. Nous les avons installées sous nos casemates tandis que les avant-trains et les attelages retournaient à Bitschwiller où est installé notre échelon de combat. Nous n'avons pas encore tiré. Fébrilement, nous avons employé tout ce jour encore à achever les travaux et, ce soir, à la brune, réunis sur le chantier, nous contemplons notre œuvre presque terminée. Deux rangs de rondins couvrent la casemate, très basse, à demi enterrée, que masquent et que soutiennent quatre beaux sapins. La gueule de la pièce menaçant la plaine émerge seule devant. Ce n'est qu'un cercle d'acier qui, dans l'embrasure, luit sur l'ombre de l'intérieur.

L'abri de bombardement est établi parallèlement à la casemate. Le rocher nous a empêchés de le creuser aussi profondément qu'il aurait convenu. Il faudra s'y tenir accroupi. Mais des troncs d'arbres de quarante à cinquante centimètres de diamètre, une épaisseur d'un demi-mètre de pierres et une seconde couche de gros rondins en long le couvrent et le protègent.

— J'ai confiance, dit Julien.

— Du 420! Ça tiendrait à du 420, affirme Léon en essuyant ses mains terreuses à la mousse.

— Allons, à la soupe!

Les nuits sont toujours froides et claires. Le gel, malgré nos couvertures, longtemps nous tient éveillés. Ces heures-là sont lentes. Lorsque j'ouvre les yeux, j'aperçois sur la toile de ma tente les grandes ombres des branches de sapins que la lune triste découpe et que le vent agite. Bien loin, je cherche à me réchauffer à la clarté de mes plus beaux souvenirs. Dans les pays du rêve j'allume de grands feux.

Ah! combien de jours de labeur et de danger, combien de nuits de froid et d'insomnie ai-je encore à vivre jusqu'au retour, si le retour m'est donné!...

19 décembre.

Nous devions régler aujourd'hui le tir de la batterie. De bonne heure nos officiers sont allés à l'observatoire. Mais nous avons guetté vainement les ordres téléphoniques. La plaine est brumeuse ce matin. Peut-être attend-on une heure plus favorable à l'observation.

Nous avons profité de ces derniers moments de tranquillité pour *planter les décors*, comme dit Arsène. Autour de l'abri de bombardement et de la casemate se dresse à cette heure un bosquet de jeunes sapins. On a planté des pieux pour les soutenir. Un réseau de fils de fer les relie entre eux, les tient aux arbres qui garnissent la position et aux rondins de la casemate. Nous avons couvert de branchages les plaies blanches qui, çà et là, autour de nous marquent la place des arbres abattus. Il paraît que les aéroplanes les découvriraient très bien au milieu de la forêt moins dense.

La batterie ne tirera pas encore aujourd'hui.

Comme la baraque de planches, construite au flanc d'un mouvement de terrain perpendiculaire à celui qu'occupent nos pièces, est enfin prête, nous emménageons sans retard et bientôt, à la place de nos tentes, sous les sapins, il ne reste plus qu'un peu de paille entre les étroits fossés qui défendaient de l'eau nos fragiles demeures.

On voit ici d'extraordinaires types de muletiers. Il en est passé un ce matin, barbu jusqu'aux yeux, à étrange allure de bandit d'opérette. Il portait une peau de mouton sans manches, taillée en forme de chasuble. Chaussé d'énormes galoches et botté, sa découpure sur le fond des grands bois était à la fois farouche et comique.

20 décembre.

Pourquoi donc suis-je aujourd'hui si triste, si las, si découragé? Je n'ai pourtant pas eu froid cette nuit dans la cabane entre François et Arsène. Mais il y a de ces jours d'irrémédiable malaise. Cela vous saisit brusquement, vous étreint, vous angoisse, assombrit toutes choses comme une lourde nuée noire. On ne sait pourquoi. Et c'est ce qui rend cette impression douloureuse, plus inquiétante, pénible comme le sont les pressentiments, ces transes de l'imagination auxquelles, certes, je ne crois pas, mais qui sont étrangement émouvantes.

Aucun malheur précis ne se présente à ma pensée, aucune crainte de mort plus immédiate pour moi, rien de pire que ce grand risque auquel nous sommes pourtant accoutumés.

Certes, cette pensée-là pour nous est bien un gouffre. Pourtant, ce n'est pas le vertige, dont on ne se défend jamais lorsqu'on se hasarde à le sonder, qui ce matin fait le fond de ma détresse. Ce n'est pas cela qui me trouble si intimement, qui me cause ce désespoir irrémédiable. Est-ce la nostalgie du passé? Un peu. Est-ce le doute sur mon avenir immédiat, la

confiance en ma chance qui s'éclipse un moment ?
Un peu aussi. Mais c'est autre chose, un
malaise intime, indéfinissable, indicible, une
étreinte à la gorge, l'attente d'un malheur. C'est
on ne sait quoi. C'est une misère de plus parmi
tant de misères. On appelle cela le *cafard*.

— Garde à vous !

Le capitaine a mis hier soir les pièces en
direction à la boussole. Depuis plus d'une heure,
il est à l'observatoire du Wolskopf.

Le chef de section annonce les éléments de
tir. François assure la direction de la pièce ;
Léon débouche un obus à balles.

Je commande :

— Attention au recul, là-dedans ! Vous y
êtes ?... Pour le premier coup... Feu !...

Les deux roues du canon sautent sur le rocher.
La bêche écarte violemment les pierres et s'enfonce, vibrante. Le déplacement de l'air, au
coup, est terrible dans l'étroite chambre presque
entièrement close qu'est la casemate ; il arrête
soudain le souffle dans nos poitrines, nous
déchire les entrailles, nous heurte au front
comme un coup de masse. Longtemps d'étranges
vibrations d'acier résonnent.

— Bon dieu ! grogne quelqu'un.

Par l'embrasure, on a vu, dans l'éclair de la
poudre, s'envoler les feuilles mortes des hêtres,

les branches des sapins, que nous avons plantés hier, se plier en berceau devant la pièce. Le vent balaye la fumée. Le capitaine tâtonne, cherche la bonne hausse, rectifie la direction.
— 4.200!
— Feu!
— Vérifiez l'angle de site!
Je réponds au téléphoniste :
— Plus 70; il y est.
— 4.350! Attention à la bulle!
Enfin l'ordre arrive :
— A obus explosifs, par deux!
Le tir est réglé.
Je sors de la casemate, où flotte une poussière âcre qui ne se dissipe que très lentement, les oreilles bourdonnantes, titubant, le crâne douloureux. Autour de moi les sapins tournent. Quoi!... Suis-je artilleur, oui ou non?...
Un gros obus allemand sur un bois proche. Arsène me dit :
— Regarde donc, il a mis une chevelure noire au gros rocher à profil humain.
Je réponds :
— Oui...
Mais, là-bas, le rocher danse avec sa chevelure de fumée. De toutes mes forces, je fixe ce point de la montagne; je tâche de l'immobiliser, de vaincre cette défaillance. Il s'immobilise.

21 décembre.

Huit caissons de ravitaillement sont arrivés dans la nuit. Un service d'ordre très sévère a été établi sur la route de la montagne. On nous dit que l'infanterie est *montée* aux tranchées. Il n'y a pas de doute, on attaquera aujourd'hui.

Pourtant, les premières heures du jour sont extrêmement calmes. La bise glace dès qu'on franchit la porte de planches de notre maison. Le ciel est gris.

On nous a donné hier soir l'ordre de nous rendre dès sept heures aux pièces.

— Allons, pressons-nous, répète Arsène.

Il est sept heures passées. Sur l'étroit chemin qui conduit à la batterie, les servants, le dos rond, les mains au fond des poches, les passe-montagnes enveloppant leurs têtes sous les casques, s'égrènent silencieusement.

Une heure se passe à battre la semelle sans qu'aucun ordre arrive. Nos officiers sont pourtant depuis l'aube, l'un à l'observatoire du Wolskopf, l'autre à celui de l'H... Le téléphoniste de service attend, le récepteur à l'oreille.

Soudain, de grands bourdonnements nous redressent l'oreille au guet.

— Eh là?

— Les Boches?

Tout de suite nous reconnaissons la voix de nos obusiers et de nos canons longs, silencieusement installés derrière nous pendant ces jours derniers. Par-dessus nos têtes, mugissent leurs gros obus. On cherche à reconnaître les calibres : du 120, du 155, et puis, avec un bruit de train follement lancé sur des rails, du 370 peut-être!

L'ennemi ne répond guère. Très haut quelques projectiles passent. La batterie se tait encore.

Le capitaine a donné aux chefs de pièce les éléments d'une série de tirs sur B..., B..., H..., sur des nœuds de route et sur des boyaux de communication. Nous devons les déclencher sur un ordre téléphonique.

Le rôle de notre batterie est de tâcher d'interdire aux réserves ennemies l'approche des lignes derrière la montagne d'Hartmannswiller et au sud.

A 9 h. 10, ma pièce ouvre le feu. Alentour, vers le nord surtout, le bombardement s'enrage. Ce n'est plus qu'un immense bourdonnement avec des sursauts et parfois des points d'orgue. Il commence à tomber du ciel bas une neige très fine. Le vent de nos coups la chasse devant la pièce en grands tourbillons.

On transmet :

— Tir numéro 1... Vingt obus!

— Tir numéro 4. Le capitaine dit qu'on se presse : le patelin est plein de troupes.

Je réponds :

— Tout de suite!... Augmentez de 120... Relevez... Attention! A nous et ensemble!... Oh!... hisse... Ta roue, Prosper!... Léon, dix-huit obus... Angle de site plus 70...

Mais, dans le vacarme que fait ma pièce affolée, le malaise qui m'avait étreint hier me surprend encore. Je m'accote aux rondins de la casemate. Vais-je pouvoir continuer à commander le feu? Il le faut! Le dernier coup semble m'avoir rompu quelque chose dans le crâne. Une goutte rouge s'étale sur mon carnet de tir et délaye l'encre. Je saigne du nez.

— Diminuez de 50!... Angle de site plus 70!

Je saigne aussi de l'oreille droite... Je penche la tête pour que le sang s'égoutte. Sous la casemate, je ne vois plus qu'un tourbillon d'hommes, un tourbillon que je ne comprends plus. Malgré tout, le sens de mon devoir de chef de pièce ne m'échappe pas. J'appelle :

— Lepeck! Quelle distance?

Mais je n'entends plus...

— Quelle distance?

— 4.200. Es-tu sourd?

— Non... Feu!...

Le coup me rejette contre les rondins comme une épave.

Par bonheur, une accalmie me permet de me reprendre. J'ai honte de ma défaillance. Mes servants absorbés par la manœuvre ne l'ont point remarquée. Je sors de la casemate et, à l'écart, je m'adosse à un sapin. Pourvu qu'on ne commande pas un tir tout de suite... Non.

Lorsque le téléphoniste crie :

— « Deuxième pièce! Tir numéro 3 », j'ai pu me remettre.

Par quinze, par vingt, par trente obus, en rafale, chaque pièce tonne, ébranle les rondins des casemates, fait résonner toute la forêt.

Pour moi, c'est un martyre; mais je ne me sens plus défaillir.

Il neige toujours dru à petits flocons. Dans l'abri, les culots des obus entassés luisent vaguement, et dehors, encombrant l'entrée de la casemate, les douilles noircies s'amoncellent. Devant la pièce, la poudre a calciné les roches, brûlé les mousses, émietté l'humus.

Et cela dure jusqu'au soir!

Nous devions passer la nuit près de nos pièces. Mais, de la division, arrive l'ordre de cesser le feu.

Il paraît que l'infanterie a enlevé à la baïonnette toute la montagne de l'Hartmannswillerkopf. Notre succès serait dû à un mouvement tournant. On ne sait encore rien de précis.

Par le chemin devenu glissant, nous sommes revenus à la baraque où, tout de suite, dans les poêles, le bois mort a flambé. Je me suis jeté sur mon lit de paille. Mais où suis-je donc ?... Je ne reconnais plus les hommes qui m'entourent et d'autres personnages aux visages changeants m'apparaissent et s'agitent avec des gestes extraordinaires. J'ai conscience de l'absurdité de cette vision. Est-ce que je deviens fou ?... L'angoisse m'étrangle... Je deviens fou... fou !

L'hallucination se dissipe pourtant et je m'endors !...

22 décembre.

Au cours de la nuit, les muletiers du ravitaillement en vivres ont annoncé que nous avions fait un grand nombre de prisonniers. Ils en ont croisé un long convoi : « Neuf cents », disent-ils.

Vers le matin, un grand remue-ménage nous a réveillés. Une fumée âcre baigne les hommes étendus. Quelqu'un crie :

— Le feu est à la paille !
— Éteins-le avec ta couverture !
— Ma culotte est brûlée...
— Éteins le feu avec ta couverture et laisse-nous roupiller !

Personne ne bouge. Extraordinairement insouciants, on se rendort dans la fumée.

De bonne heure, ce matin, la batterie est entrée en action. Il a neigé. Le vent a jeté de la neige dans la casemate par l'embrasure et par la porte. Entre les rondins, l'ébranlement de l'air au coup de canon en fait tomber de gros paquets sur nos épaules, en soulève devant la pièce de grands nuages blancs.

Nous lâchons sur une batterie de 77 qui s'est installée là-bas, dans la plaine, pendant la nuit, une grêle d'obus. Ma pièce en quelques minutes, a tiré quatre-vingts coups. Et la première pièce, seule à présent, par rafales de cinq obus, achève l'ouvrage de destruction.

Dans l'air froid, il monte du canon une buée chaude qui fait trembler le coin d'horizon qu'encadre l'embrasure.

A l'acier brûlant, nous chauffons nos doigts engourdis par le froid. Devant la pièce la neige a fondu et, alentour, la poussière que soulèvent les coups a terni sa blancheur.

Je suis bien las. Mon oreille droite est douloureuse, ma tête lourde. Les vibrations de ma propre voix me font souffrir.

Derrière la casemate, les servants, qui apportent des obus sur une petite civière de fortune, ont tracé un étroit chemin boueux sur la neige que pointillent les gouttes d'eau tombées des sapins et d'où, çà et là, émergent des feuilles mortes de hêtres.

De fâcheuses nouvelles circulent. L'ennemi, par une contre-attaque immédiate, nous aurait repris tout le terrain conquis, à l'exception du rocher d'H...

Mais on dit que nos chasseurs de nouveau auraient monté à l'assaut et pris une fois de plus ce que l'ennemi venait de leur enlever.

Ce ne sont là que des bruits.

23 décembre.

Toute la nuit, l'ennemi a bombardé les côtes voisines. Ces obus ne nous ont pas empêché de dormir. Seulement à l'heure du ravitaillement en munitions, dans le brouhaha que font les hommes qui se lèvent péniblement, on a entendu un éclat qui est venu sonner sur une planche de la cabane. Quelque part, derrière nous, une batterie de 75 tirait rageusement.

Matin gris de dégel. Les sous-bois ont repris cette teinte fauve que leur donne leur manteau de feuilles mortes. Il ne reste de neige que par plaques sur les pentes. La forêt s'égoutte. De grands nuages traînent aux flancs des montagnes.

Tout est calme. François profite de ce surprenant silence pour nettoyer la pièce.

François est un petit Breton imberbe, aux traits durs, aux cheveux rudes plantés bas, à la mâchoire solide. Son visage aurait presque une expression farouche si le regard limpide de ses yeux gris ne l'adoucissait. Il est fort comme un cheval. Irritable et violent par boutades, son vrai caractère n'apparaît qu'à la longue. François est un sentimental, un homme facile à émouvoir et bon. On me dit qu'aux premiers jours de la guerre, il fut brave jusqu'à la témérité. Mais un accident de tir où périt un pointeur de la batterie, un de ses amis très chers, émut François si profondément que depuis, il craint bien plus la pièce — qu'il pointe avec une grande sûreté et un coup d'œil impeccable — que les coups de l'ennemi.

Les mauvaises nouvelles se confirment : les Allemands ont repris presque tout le terrain conquis.

Dans l'après-midi leurs batteries recommencent à bombarder nos montagnes. Longtemps elles s'étaient acharnées sur les lignes, paraissant mépriser l'artillerie française; mais il semble bien qu'elles vont chercher maintenant à nous réduire au silence. Sans doute aussi de nouvelles pièces ont-elles été amenées depuis l'attaque. L'ennemi a repéré la batterie de 155, établie sur la pente en avant de nous, où l'on m'avait envoyé aux renseignements le jour de notre arrivée dans la montagne. Il connaît aussi l'emplacement d'une batterie de 75 voisine. Il s'acharne sur le 155 et sur cette batterie. Entre les deux, nous nous trouvons jusqu'ici épargnés.

24 décembre.

Vigiles de Noël! Il vente, il pleut. Roulés dans nos couvertures, sommeillant ou rêvant, à neuf heures passées nous sommes encore tous étendus sur la paille. A travers le plafond de planches, sans répit, l'eau s'égoutte sur nous. Personne ne bouge.

Le bombardement des positions françaises continue, méthodique.

D'après les ordres reçus hier soir, nous ne devons pas tirer. Mais soudain, du côté français, la canonnade s'allume, à droite, puis à gauche. Le lieutenant commande :

— Aux pièces! Vite!

Les Allemands attaquent. On se hâte. Tout de suite la batterie ouvre le feu de ses quatre pièces. Au fond des bois, dans de lointains ravins, le bruit de nos coups va mourir en des gémissements qui n'ont pas le temps de s'éteindre. L'ennemi répond. Ses obus ne tombent plus sur la batterie de 155. Ils s'écrasent dans les bois entre elle et nous. Il semble bien, cette fois, que ce sont nos pièces qu'il cherche à contre-battre. Mais il n'a pas encore la bonne hausse. Des éclats passent, brisant des branches de sapin.

Une à une, les batteries françaises se taisent, puis les batteries allemandes. Bientôt on n'entend plus dans la forêt que le bruit de l'eau qui, interminablement, s'égoutte des branches. Le vacarme a duré juste cinquante-cinq minutes.

Sous la pluie, on rentre au cantonnement.

La T. S. F. allemande annonce que l'ennemi nous a fait aujourd'hui quinze cents prisonniers.

La journée s'achève en paisibles travaux de couture.

Et la nuit se clôt, la nuit du réveillon! Les mulets du ravitaillement nous apportent l'extra, acquis sur le boni de l'ordinaire : du champagne, un litre et demi de vin par homme, de la choucroute, du saucisson et du jambon. Malheureusement le sac qui contenait les colis, dans la nuit noire, est tombé au ravin. Ils sont broyés.

Dans la cabane où les poêles ronflent, dans l'encombrement du linge qui sèche sur des cordes, sous la triste clarté de deux falots et des bougies qui pendent du plafond au bout de fils de fer enroulés en spirale, quelques hommes chantent accompagnés par les coups sourds d'une artillerie lointaine; d'autres dorment déjà. Dehors, il vente. Morne réveillon! Il semble que ces grands anniversaires nous rendent plus tristes que de coutume. On songe aux Noëls passés, à l'incertitude où nous sommes d'en connaître d'autres.

25 décembre.

Noël de pluie. Depuis deux jours, il n'a pas cessé de pleuvoir.

L'artillerie ennemie balaye toujours les bois en avant de la batterie. Elle a troublé la messe que le brigadier infirmier disait dans la cabane.

Il a encore fallu tirer. Les Allemands attaquent-ils de nouveau ou bien les artilleries adverses s'énervent-elles sans cause?

L'eau tombe dans la casemate à travers les rondins et le sol fait de roc imperméable la retient. Bientôt nous aurons de la boue jusqu'aux chevilles.

Coup pour coup, l'ennemi répond à nos salves sur la batterie de 75 établie à notre gauche. Il ne sait pas encore où nous sommes.

26 décembre.

Un seul peloton de pièce, le troisième, est allé ce matin à la position. Dès qu'il a eu commencé de tirer, une batterie de 105 ennemie l'a pris à partie. Elle répond salve pour salve, mais dangereusement cette fois. Les premiers coups sont allés tomber à la place déjà battue hier et avant-hier; puis le tir s'est allongé, menaçant de près nos casemates. Il demeure encore un peu court. Pourtant un téléphoniste nous annonce qu'un obus est venu s'abattre entre la première pièce et la mienne.

Quelqu'un dit :

— C'est de l'arrosage!

— Un coup malheureux!

Mais je crains bien que ce coup ne soit le prélude d'un repérage plus sérieux.

Dans la cabane où n'entre, à travers les toiles huilées tendues dans les ouvertures carrées qui servent de fenêtres, qu'un jour terne et sale, on discute autour du poêle. François fait sécher son linge devant ses genoux. Depuis plus de deux heures, des campagnards s'entretiennent de semailles, de récoltes et de chevaux. Dans un coin, les limes des bijoutiers grincent sur le cuivre et sur l'aluminium des bagues. Là-bas, la troisième pièce tire toujours. Il fait un grand vent qui secoue les sapins. Dans la bourrasque se perdent les sifflements des obus ennemis, dont les éclats à bout de forces viennent par rafales battre les planches de la baraque.

— Ça tombe toujours à la même place.
— Toujours un peu en avant de la batterie.
— Du 105.
— C'est la batterie qui tire depuis trois ou quatre jours.
— Ça vient de la gauche, de derrière l'Hartmannswillerkopf.

Heureusement la cabane ne se trouve pas, par rapport à cette batterie-là, dans le même plan de tir que nos pièces.

Un des bijoutiers déclare :
— Quand ils vont avoir fini, je vais tâcher de trouver quelques fusées.
— Ça ne sera pas facile à découvrir dans les feuilles mortes.

On s'est remis à lire, à jouer ou à coudre. Quelqu'un entr'ouvre la porte :
— Première section, aux pièces!
— Bien!

Nous n'avons pas fait vingt pas dehors qu'un obus vient éclater sur le petit col boisé qu'il nous faut franchir pour atteindre la batterie. Nous tendons le dos. La mitraille passe. Quelques menues branches tombent sur le chemin.

— Pas bon, cette fois, murmure Julien!

Je crie à mes servants:

— Au trot, avant qu'il n'en vienne d'autre!

On s'élance sur le sentier montant, où nos pieds glissent dans la boue.

— Ça commence à sentir mauvais, nous crie le pointeur de la troisième pièce, comme nous passons devant sa casemate.

Contre-ordre. Nous pouvons retourner au cantonnement.

— Quoi? demande François qui enlevait le couvre-bouche de la pièce.

— On s'en va. Remets le couvre-bouche.

Une volée de 105 s'annonce. Les obus viennent droit sur nous.

— Trop tard, grogne Petit en se glissant dans l'abri.

Je n'ai eu que le temps de me jeter à terre dans les feuilles mortes au pied d'un hêtre. Un grand éclair, deux éclatements! Un des obus n'est pas tombé à dix mètres de moi. Un caillou me saute sur les reins; des graviers me cinglent le visage. Je me redresse; je cours à l'abri. Tous les servants s'y sont déjà entassés.

— Nous sommes encadrés, dit Julien.

— Si on s'en allait? dit Petit.

Mais je ne crois pas que nous ayons le temps d'atteindre la cabane entre deux volées. Je dis :

— Attendons.

— Attendons quoi ? Puisqu'on nous a dit de nous en aller ?

— On se ferait moucher sur le sentier.

— Écoutez! crie Julien.

Les obus! Deux éclairs à quelques mètres de l'entrée de l'abri. Entre les rondins ébranlés, un peu de terre tombe sur nos casques.

— Vous voyez bien, dit Julien, on n'a pas le temps de s'en aller.

— Si ça tombe dessus, murmure Prosper.

Julien hausse les épaules.

— Ça tiendra.

— Ce n'est que du 105.

— On ne craint pas le 105, là-dessous.

Encore les coups, par deux, vibrants, tout proches, puis le long hurlement des éclats, leur claquement net dans les troncs d'arbres.

— Ils l'ont, la hausse, cette fois, constate François.

On se regarde, un peu pâles, consternés au fond, sachant bien qu'il ne faut plus espérer aucune tranquillité ici. La batterie est repérée. Cela dit tout. Et, sans répit, toutes les minutes à présent, les 105 balayent cette étroite crête qu'occupe notre batterie. Aucun de leurs coups ne s'en écarte maintenant.

— Leurs pointeurs n'auront pas volé un paquet de tabac fin, dit Petit. Ils ne peuvent pas nous avoir mieux.

La troisième pièce tire toujours par rafales rapides. L'eau qui s'égoutte d'un des rondins de notre abri me tombe dans le cou. Accroupis coude à coude dans la pénombre que les éclatements de coups longs illuminent parfois d'éclairs, nous ne pouvons bouger et, à la longue, les membres s'engourdissent, les jointures deviennent douloureuses.

L'abri tremble! Un obus est venu s'abattre plus près encore que les autres. Il a dû tomber sur la troisième pièce, peut-être au pied même de l'abri.

— Ça finira bien par arriver dessus! répète Prosper.

— Puisqu'on te dit qu'il tiendra! répond vivement Julien. Tu nous tannes! D'abord, écoute ça...

Alors il entonne sur un mode lugubre :

> C'était hier l'enterrement
> De ma pauvre belle-maman!
> Une femme qu'avait tout' les vertus,
> Hélas!.....

— Écoutez! interrompt Petit impérieusement.
— En voilà!
— Non!

— C'est le vent. Il fait dans les sapins le même bruit que les obus.

— Oh! mes cuisses! grogne François. On est bougrement mal.

On écoute; on attend.

— Ça a l'air d'être fini?

— Il faut se défier.

— Ils ont du vice. Ils attendraient bien qu'on soit sorti pour tirer.

Petit répète :

— Écoutez!

— Non.. C'est encore le vent.

— Saleté de vent!

— Ça pue là dedans!

— C'est la mélinite. L'odeur reste longtemps.

— C'est fini, proclame Julien, qui se dresse déjà prêt à sortir.

— Attends donc encore un peu, lui dis-je.

On attend. Les servants de la première pièce passent. Ils regagnent en courant la cabane.

— Allons-nous-en.

On se secoue, on s'étire.

— Quelle séance!

La position est jonchée de menues branches, de pierraille et d'éclats. On se hâte sur le sentier, tandis que la nuit tombe.

27 décembre.

Autour de la pièce, dans le matin brumeux, on épilogue sur le bombardement d'hier. On discute les coups, comme dit Julien. Et puis on envisage l'opportunité de protéger au moyen d'un pare-éclats l'entrée de l'abri de bombardement où les coups longs pourraient nous atteindre par ricochet. Mais les uns le voudraient en rondins et les autres en pierres amoncelées. Il faut se garder par ailleurs d'encombrer l'issue déjà étroite, car il importe avant tout que nous puissions nous mettre en sûreté rapidement.

— Alors, qu'est-ce qu'on fait? répète pour la dixième fois Léon. Est-ce qu'on attend l'apparition de la comète?

— Dès qu'une pièce va tirer, dit François, la musique va recommencer.

— Il n'y aura pas à s'écarter du trou.

— Alors?

Nous installerons deux rondins l'un sur l'autre que maintiendra un piquet; et nous jetterons contre cet appui de la terre et des cailloux.

L'ouvrage est déjà avancé lorsque la troisième pièce commence à tirer.

— Eh! Eh! Gare! grogne Léon.

L'oreille au guet, on poursuit le travail. Julien, la hachette à la main, ajuste un rondin.

— Je le taille en sifflet, dit-il.

Dans le ciel, un bruissement connu. Julien grogne :

— Coupé, le sifflet!

— Au trou!

Nous sommes à l'abri, quand les obus éclatent à quelques mètres en avant des pièces.

— Ça sera comme ça chaque fois qu'il faudra tirer, déclare François.

Nous le savons bien; et c'est cette perspective qui nous assombrit tous.

Une rafale... derrière les casemates cette fois.

— Par quatre, aujourd'hui!

— Crois-tu? Je n'ai entendu que trois coups...

— Quatre, quatre! répète Julien.

— Et puis, demain ils mettront du 150, nous dit Petit.

Des obus devant, derrière, à gauche, et toujours à quelques mètres des abris, peut-être même sur ceux de la deuxième section que nous ne pouvons pas voir d'ici.

— Les as-tu entendu, les quatre? me dit Julien.

— Demain, ce sera du 150, répète Petit.

Très brave, Petit trouve un singulier plaisir à effrayer ses camarades. Je lui réponds :

— On peut espérer du 420 pour le jour de l'An.

Mais Petit insiste :

— Non... Rigolez!... Moi, je commence à connaître leur méthode. 105 d'abord, 150 si ça ne suffit pas, et puis le 210, le 210 pour la fin. Vous verrez...

— En voilà des boniments à raconter!

L'ennemi s'acharne sur nous. Méthodiquement, à cette heure, toutes les quatre-vingt-dix secondes, ses obus s'abattent sur nous. Pourtant, depuis longtemps, la troisième pièce ne tire plus. Un sapin craque en s'effondrant; la terre grésille sur les feuilles mortes. Entre les sapins, la fumée grisâtre des obus traîne.

— Qu'est-ce que f... donc l'artillerie lourde? dit Léon.

— Cette batterie-là devrait être contre-battue!

Quelqu'un répond :

— Pas moyen!

— Pourquoi?

— Elle tire du diable! de derrière l'Hartmann. Personne ne peut la voir.

— Qu'est-ce qui a dit ça?

— Le lieutenant!

— C'est tout de même malheureux!

Les salves s'espacent. Enfin, la batterie de 105 se tait. Il est midi.

Le masque de verdure au-dessus de nos casemates s'est éclairci. Un sapin tombé en travers du sentier le barre de sa cime touffue. Un autre, coupé à quelques centimètres du sol, penche misérablement, accoté à un grand hêtre. Un des derniers coups a atteint l'abri à munitions de la deuxième section. Il n'a traversé que la première couche de rondins.

Dans la cabane, la soupe est froide.

Autour des plats on cause. On cherche à comprendre ce qui a bien pu trahir notre présence ici.

— La fumée des téléphonistes! Ils sont enragés avec leur poêle.

— Peut-être la dernière salve d'avant-hier? On a tiré trop tard; les lueurs éclairaient toute la forêt.

— En tout cas, ça y est! Nous y sommes, repérés, et bien!

Le brigadier infirmier passe suivi d'un homme qui porte un brancard. On lui demande :

— Des blessés?

— L'observatoire est écrabouillé!

— Le lieutenant y était?

— On dit qu'il est blessé.

— Gravement?

Le brigadier fait des deux bras un grand geste d'ignorance et s'éloigne en courant.

Mais un quart d'heure ne s'est pas écoulé

que le lieutenant arrive accompagné du capitaine. Il n'était plus à l'observatoire lorsque l'abri s'est effondré sous un 150. Le capitaine, parti en hâte à la recherche du lieutenant, a failli se faire tuer sur le chemin. L'un de nous retire un éclat encore chaud accroché à sa pelisse.

Sur la gauche de notre position, l'ennemi tire toujours rageusement. Un servant de la batterie voisine de 155 long arrive, hagard.

— Ah! dit-il, avec un fort accent du Midi que son émotion exagère, ils nous écrasent depuis ce matin avec des 150 asphyxiants. Il y a je ne sais pas combien de morts. Les hommes sont étendus par terre. Je crois bien qu'ils sont asphyxiés.

Mais un de nos téléphonistes l'interrompt :
— La quatrième.
— Quoi?
— Un obus dessus. La casemate est effondrée; la pièce doit être démolie.
— C'est arrivé quand?
— Depuis que vous êtes descendus à la soupe. Il en est encore tombé.

Morin court à sa pièce; je l'accompagne.

L'obus a frappé au centre de la casemate. Sous les rondins rompus en leur milieu, parmi les éclats de bois et d'acier, parmi les lambeaux de tentes que les servants avaient tendues pour s'abriter de la pluie, la pièce semble à peu près intacte. Seuls les appareils de pointage et la hausse sont faussés. Deux rais sont coupés. Mais le tube, au milieu des décombres, paraît avoir été épargné.

Nous contemplons cet effondrement.

— Si nous avions été là! murmure Morin.

— Tous, vous y seriez passés! Tous!

Et, en regagnant la baraque, nous nous confions nos craintes :

— Combien de nous redescendront d'ici!...

On nous appelle :

— Les chefs de pièce aux ordres!

— A trois heures quarante-cinq, nous dit le sous-lieutenant, nous monterons à la position. Il faudra envoyer deux salves, l'une de douze, l'autre de quinze coups. On ne peut tout de même pas se laisser démolir comme ça!

L'après-midi se passe à attendre l'heure marquée. L'ennemi ne tire plus. Mais aurons-nous le temps de lâcher nos deux salves avant qu'il n'ouvre le feu? La première en une demi-minute sera envoyée. Il faudra ensuite manœuvrer, amener la pièce sur le deuxième objectif. Cela demandera bien deux minutes. Trente secondes, plus cent vingt secondes, plus encore quarante secondes pour tirer la deuxième salve. Trois minutes et demie après avoir ouvert le feu, si aucun incident de tir ne nous retarde, nous pourrons être rentrés sous l'abri. Trois minutes et demie! Je ne crois pas qu'en aussi peu de temps l'ennemi ait pu commencer à nous contre-battre!

Trois heures quarante! Sous la casemate, autour de la pièce déjà chargée, nous attendons un peu pâlis par l'anxiété, nerveux. Les fusées sont vissées sur les obus. Prosper tient déjà le cordon tire-feu. Je ne sais pas d'instants plus émouvants que ceux qui précèdent l'action. C'est dans ces minutes-là que presque tous les soldats connaissent la peur. Ensuite, dans le mouvement, dans le bruit, dans le danger même, l'étreinte qui vous cravatait se desserre; on retrouve pour faire face au danger toute la maîtrise de soi qu'on avait perdue un moment.

A la porte de la casemate, le bras levé, les yeux fixés sur le sous-lieutenant qui doit commander le feu, je répète :

— Attention! Prosper! Quand j'abaisserai le bras, tu mettras le feu!

— Vous y êtes? demande le sous-lieutenant. Première, deuxième, troisième?

— Prêts! Prêts!

— Feu!

Les coups des trois pièces, qui seules tirent encore, se confondent. Puis un grand roulement dans la fumée, la poussière, les éclairs nous enveloppe, enveloppe les bois, le ciel. Notre première salve est tirée que les deux autres pièces tonnent encore.

— Deuxième tir! Diminuez de 245!... 245, François! Relevez... Ne nous énervons pas... Relevez... Attention à ta roue, Prosper... à ta roue, Léon!... La pièce à droite... Oh!... Ferme!...

— Encore un peu, dit François. Ça y est!.

— Maintenant ensemble!... Attention à l'abatage... oh!... hisse!... hisse!...

— Prêt! dit François.

Je crie :

— 3.500, Prosper!

— Ça va! On va avoir fini avant qu'ils commencent à tirer.

— Feu!

Nous avons tiré dix coups en moins d'une demi-minute... Quelques secondes encore et le peloton va pouvoir se mettre à l'abri.

— Bon Dieu! crie Prosper.

— Quoi?

La cartouche n'a pas pénétré à fond dans la chambre. Il ne peut fermer la culasse!

— Pousse, dit-il à Petit, le chargeur, pousse!

Julien s'est jeté sur une douille et avec le culot s'efforce de faire entrer la cartouche. On s'énerve! Enfin la culasse est fermée.

— Feu!

Encore quatre coups! La fumée sort de la pièce par la bouche et par la culasse. Un par un, les hommes se glissent dans l'abri. Mais, comme les 105 ennemis ne s'annoncent pas encore, je me décide soudain :

— Derrière moi, à la cabane, au galop!

D'un bond on a franchi le sapin abattu hier en travers du chemin. Sur la pente raide, les servants de la deuxième pièce, suivis tout de suite de ceux de la troisième, puis de la première, dévalent vers la cabane à grandes enjambées.

Là, on souffle, on rit :

— Ils nous ont eu, dit Julien.

— Pourquoi?

— Tu vois, ils nous ont fait galoper et ils ne tirent même pas.

Le ravitaillement m'a apporté ce soir un gros colis qui contenait une peau de bique avec, dans les manches, deux bouteilles de champagne.

J'appelle Arsène :

— Eh, vieux!

— Du bon, dit-il.

— On va le boire tout de suite.

— Tu ne le gardes pas pour le premier de l'an?

— D'ici là?...

— C'est dans trois jours la Saint-Sylvestre.

— Trois jours, c'est long!... Trop long!... François, Julien, Léon, deuxième tube, au champagne!

Les bougies, qui de loin en loin pendent du plafond, font à cette cabane une illumination triste de crèche enfantine. On fait cercle autour de moi. Et, lorsque du pouce j'appuie sur le bouchon, les hommes se cachent le visage à deux mains, font des mines de femme effarée. Arsène crie :

— Attention à mon commandement... Feu!... Feu!

Puis, on rit au vin qui mousse et pétille dans les quarts.

— Chef de pièce, dit François, à ta santé!
— A la tienne, pointeur! A la nôtre!
— A notre chance!
— A la classe! dit Julien.

En chœur, tous les hommes répondent :
— Ah! Oui! A la classe! A la paix!

Comme, le champagne bu, chacun s'en est allé à sa partie de cartes, à sa correspondance ou à sa lecture, Morin, qui est demeuré près de moi, tire de sa poche un petit livre. Le courrier lui a apporté à lui un Musset. Tout bas je me mets à relire pour nous deux les beaux vers de la *Nuit de Mai*. Mais vite les grands rythmes, l'harmonie magique de ces rimes m'entraînent. Des canonniers s'arrêtent dans l'allée qui passe au pied des couchettes et longtemps écoutent assis sur leurs talons.

— As-tu encore ton Vigny? me demande Morin.

— Toujours. Il ne me quitte pas.

— Veux-tu me relire la *Mort du Loup?*

— La *Mort du Loup?* Volontiers. Je n'ai pas besoin du livre, je la sais.

A répéter ces grands vers, il me semble que jamais comme ce soir je n'en avais pénétré toute la tragique beauté.

Gémir, pleurer, prier est également lâche.
Fais énergiquement ta longue et lourde tâche
Dans la voie où le sort a voulu t'appeler,
Puis après, comme moi, souffre et meurs sans parler.

Je me suis tu. Mon camarade, silencieux, rêve. Sans doute nos pensées convergent-elles :

Gémir, pleurer, prier est également lâche.
. . . .
Puis après, comme moi, souffre et meurs sans parler.

N'est-ce pas ainsi qu'il nous faudrait savoir mourir? Souffre et meurs sans parler! Demain, peut-être demain?

Morin murmure :

— Si j'avais été dans la casemate tantôt...

Je hoche la tête :

— Oui...

— Je ne t'ai pas dit, Lintier. Il m'arrive une nouvelle pièce cette nuit.

28 décembre.

L'aube n'est pas encore proche. A travers la toile transparente des fenêtres aucune lueur ne filtre. Un poing heurtant les planches nous a réveillés.

— A vos pièces!

On reconnaît la voix du lieutenant. Sur les couchettes, il se produit un brusque remue-ménage. Une bougie s'allume.

— Vite.

Il ne fait pas froid. La nuit est claire, traversée de grands hurlements d'obus. Au nord, vers l'Hartmannswillerkopf, le bruit de l'artillerie n'est qu'un immense roulement. L'ennemi attaque.

En avant de la casemate, il a fallu allumer les lampes qui servent aux pointeurs à repérer leurs canons. Les quatre pièces ont tiré ensemble, éclaboussant l'ombre de larges gerbes d'étincelles, découvrant dans un éclair les hautes silhouettes de sapins sombres qui nous masquent à l'ennemi.

Les Allemands ne répondent pas. Un moment encore la canonnade gronde; puis, avec l'aube, le calme retombe sur les montagnes. Le froid vient. Le jour qui se lève blanchit seulement les épaisseurs de brouillard qui couvrent la plaine.

Nous avons décidé hier de couvrir notre abri d'une carapace de grosses pierres et nous nous mettons au travail, transportant sur la civière à munitions de lourds quartiers de roche. Mais une pièce, un obusier, du 150 cette fois, commence à nous bombarder très lentement. Toutes les vingt minutes un obus siffle, éclate. Le tir, trop court d'abord et trop à droite, devient vite menaçant. Il faut interrompre le travail et rentrer à la baraque.

Les heures de la matinée sont longues, toujours ponctuées de loin en loin d'un coup de 150 dont les éclats viennent retomber jusqu'ici. Par bonheur cette pièce, comme la batterie de 105, tire de gauche, de derrière l'Hartmannswillerkopf, et ne menace pas directement notre maison de planches.

A midi, le capitaine m'appelle.

— Vous allez tirer, me dit-il. On signale cinq caissons sur la route de B... On va les prendre cent mètres avant leur entrée dans le village. Pointez votre pièce et préparez les obus. Le chef d'escadron est à l'observatoire; il commandera le feu par téléphone.

— Bien, mon capitaine.

Immédiatement, avec mon peloton de pièce, je rejoins mon poste de combat. L'obusier de 150 a cessé de tirer.

J'annonce :
— Pièce prête !
Le téléphoniste répète :
— Pièce prête !
Puis il me transmet :
— Au commandement du chef d'escadron !
— Bien ! Chargez !

Une minute se passe. On n'entend à cette heure aucun bruit de bataille.

— Feu ! crie le téléphoniste.
— Attention ! dis-je. A mon commandement ! Pour le premier coup !... Feu !

La salve a été envoyée, foudroyante. J'ai fait mettre les servants à l'abri: car notre feu peut éveiller la batterie de 105.

J'annonce :
— Salve partie !
On m'appelle :
— Chef de pièce à l'appareil !

J'entends la voix du chef d'escadron, lointaine :

— C'est vous qui commandez la pièce qui vient de tirer ?
— Oui, mon commandant.
— Un des caissons est touché; les autres sont rentrés au galop dans B... Arrosez B... Tout de suite... Tout de suite... Vous avez la hausse de B...? La hausse est longue aujourd'hui... Par cinq, fauchez !

Sans retard, ma pièce couvre d'obus le village où se sont réfugiés les caissons. Pourquoi la batterie de 105 ne répond-elle pas? Aurait-elle enfin été contre-battue et réduite au silence?

A midi et demi des ordres d'attaque arrivent. La préparation d'artillerie commencera à une heure. A trois heures, l'infanterie sortira des tranchées. Le personnel de la batterie vient prendre sa place de combat. Les officiers sont à l'observatoire et les téléphonistes achèvent en hâte de poser une ligne de secours entre leur poste de commandement et la batterie.

Soudain, du côté français, la canonnade s'éveille, comme le feu dans un tas de paille. En quelques minutes toutes les lignes s'embrasent. Et bientôt le roulement ininterrompu des grands jours de bataille, sourd, lourd, en ondes énormes que parfois déchirent des hurlements stridents d'obus, déferle à travers les ravins de la montagne vers la plaine. Presque tout de suite l'artillerie allemande répond. Sur la malheureuse batterie de 155 long. notre voisine, les 150 commencent à s'écraser par deux, éclaboussant de mitraille notre position.

Dans quelques minutes, nous allons tirer. Certainement, à cette heure d'attaque, l'ennemi ne nous négligera pas comme il nous a négligés hier et ce matin. Nous sommes repérés... Alors!... La chance, le hasard me seront-ils encore une fois propices? Ou ne verrai-je pas la fin de ce jour?... Le service de la pièce nous obligera sans doute à nous tenir sous cette casemate qui nous semble bien fragile. Vrai, ces minutes d'attente, d'immobilité sont les plus terribles que nous fasse cette guerre. Je le constate aujourd'hui encore. A grands coups de couteau, François taille un éclat de sapin. C'est un signe de nervosité que je lui connais. Silencieux, je taquine ma barbe.

La première pièce a ouvert le feu. L'ennemi nous guettait sans doute. Deux obus ont fait jaillir la terre à cent mètres en avant de la batterie. On s'abrite.

— Vous avez entendu? dit Julien.
— Ce n'est plus du petit!
— Du 150.
— Oui.

Le tir de l'ennemi se poursuit, méthodique, régulier comme toujours, ébranlant la terre de la forêt jusque dans les profondeurs. Les points de chute des obus se rapprochent de nos pièces et, dans la journée lumineuse pourtant, l'explosion de la mélinite nous éblouit au fond de notre trou.

L'abri résisterait-il à l'éclatement des 150? Aucun de nous n'échappe à l'horrible crainte de se voir écraser sous les rondins et les pierres, agonisant dans cette tranchée.

Par bonheur, le tir des obusiers, qui d'abord nous menaçait davantage de volée en volée, semble à présent réglé. Les obus arrivent bien près de nous, à quarante, à vingt, à quinze mètres de nos pièces. Mais tous, jusqu'ici, sont tombés dans les bois en avant et à droite de la batterie.

— Ils ont perdu la bonne hausse, dit François.

— Attendons, murmure Petit.

On dresse l'oreille... L'attention bande nos nerfs. Toutes nos forces se concentrent dans ce travail : « écouter ».

— Ça se maintient.

— Oui, ça se maintient!

Peut-être la lueur de nos pièces, apparaissant à l'ennemi sur le fond sombre des grandes masses de sapins qui s'étendent à notre droite, lui a-t-elle fait penser que le front de notre batterie longeait cette haute lisière de bois, perpendiculaire à notre position véritable. Il s'acharne sur ces arbres admirables.

— Tapez toujours! dit Julien.

Mais la première pièce, qui tire seule, a eu vite brûlé les munitions entassées dans la casemate. Bélivier, qui la commande, m'appelle :

— Ravitaille-moi, Lintier.

A chaque volée de 150, les éclats fauchent

des branches sur la position, résonnent contre les rondins de nos abris. Il va falloir choisir son temps pour passer de la deuxième pièce à la première.

Les bras chargés de cartouches, sous notre casemate, nous attendons une volée... Elle s'annonce... arrive. Les éclats passent.

— En avant!

On court. Les servants de la première pièce nous débarrassent en hâte. Nous rentrons dans notre casemate pour nous charger de nouveau et guetter la venue d'une autre rafale.

Dix fois cela recommence. Une irrégularité dans le tir de l'ennemi nous saisirait sur le chemin découvert. Mais, ponctuels comme des automates, les artilleurs allemands, toutes les soixante-dix secondes, lâchent deux obus. On s'y fie.

— Pièce Lintier! commande le lieutenant.

Je dis :

— A nous!

Nous avons tiré longtemps; et, dans le vacarme que fait sous la casemate la pièce en pleine action, nous n'aurions certes pas entendu les coups de l'ennemi si de grandes volées d'éclats n'étaient venues cingler les rondins de notre abri.

Il est trois heures et demie. Par téléphone, le capitaine commande :

— Pour la batterie, cessez le feu!

L'infanterie doit avoir livré l'assaut. On attend... On ne sait au juste ce qu'on attend!... De nouveaux ordres... des nouvelles? L'artillerie ennemie se tait. Nous nous sommes hasardés un à un hors de nos trous où l'on respire mal. L'oreille attentive, nous sommes là, autour de l'entrée, prêts à nous jeter de nouveau dans l'abri au premier sifflement inquiétant.

En quelques moments, le paysage qui nous entoure a changé. Derrière les pièces, le sentier est jonché de douilles hâtivement jetées hors des casemates, d'éclats de bois, de mitraille, de brindilles de sapin et de menues pierres. Les ferrures des souliers y crissent. Sur nos têtes, le voile de verdure s'est encore éclairci. Le ciel gris nous apparaît à cette heure largement, en grandes taches. Vers le faîte des sapins et des hêtres, des branches brisées, qui ne tiennent plus que par quelques fibres, pendent. Il tombe d'en haut une clarté qui étonne après le demi-jour des sous-bois auquel nous nous étions accoutumés.

Peu à peu, vers le midi, vers le nord, sur la montagne et dans la plaine, le silence se fait. Le bombardement a coupé toutes les communications téléphoniques. Un servant, Bouvier, un ancien zouave, « le zouave », notre zouave, admirable type de soldat, brave, simple, au grave visage régulier encadré d'une somptueuse barbe brune, part, armé d'un brin de coudrier fourchu, pour réparer les lignes. On s'étire, on respire.

Les officiers reviennent de l'observatoire, leurs plans de tir, pareils à des cartons de dessinateurs, sous le bras. On voudrait connaître les résultats de l'attaque; mais ils les ignorent comme nous.

Rentrons à la cabane.

29 décembre.

Journée sans mitraille, presque calme. Le temps est clair et notre quatrième pièce en a profité pour exécuter un tir à démolir sur une des batteries allemandes de la Bussière qui, de bonne heure ce matin, avait ouvert le feu sur nos tranchées. L'ennemi ne répond pas; sans doute, dans la plaine que l'on découvre à perte de vue, sous cette admirable lumière blonde où aucun des détails du paysage n'échappe au regard, craint-il de se révéler à nous par ses fumées et ses lueurs. Et puis nos pièces lourdes, hier, ont abattu le clocher d'H... qui devait servir à l'ennemi d'observatoire d'artillerie. Peut-être les batteries allemandes se trouvent-elles un peu désemparées aujourd'hui.

Nous ignorons encore ce qu'a fait notre infanterie hier. Des bruits courent... Comme toujours! Nous aurions avancé. On dit que l'ennemi, contre-attaquant sans préparation d'artillerie au plus noir de la nuit, aurait été mitraillé à bout portant par nos chasseurs. Les glacis seraient couverts de morts... On dit!...

30 décembre.

Une heure! Nuit épaisse... Contre-attaque encore. C'est toujours le moment que l'ennemi choisit pour tenter ses coups de force. Son artillerie ne tirait pas. Mais, derrière la cabane, la batterie voisine du 56 a ouvert un feu de barrage et les obusiers allemands de 150 répondent. Entre les pièces qui tirent et nous les lourds obus s'écrasent, secouant notre demeure, battant ses planches de volées de pierres, d'éclats perdus. Quels terribles effets aurait ici un coup malheureux! Certes, beaucoup, les yeux ouverts dans l'ombre, songent à cette boucherie, voient leur chair écartelée et pantelante. D'autres dorment. Le bruit régulier de leurs souffles semble battre la mesure de ces lourdes secondes obscures. Personne ne bouge; quelqu'un ronfle. Les coups s'espacent... De loin en loin, une goutte d'eau tombe d'une branche sur le toit.

Ceux que le bombardement avait réveillés se rendorment.

Matin clair et paisible. Nous achevons de garnir notre abri de sa cuirasse de roc. Laborieusement, taillant les quartiers de granit à coups de pioche, Léon construit cet édifice de pierres sèches. Il y faut du soin, de la patience et de la force. A dos ou sur la civière à munitions, nous lui amenons les matériaux.

Les brumes montant de la plaine et des ravins, dès trois heures de l'après-midi, sont venues apporter ici le crépuscule. Et, comme si l'ennemi n'attendait pour ouvrir le feu que le brouillard qui le dissimule à nos observateurs, les pièces de tous calibres se mettent à tonner. Nous sommes rentrés à la cabane tandis que les obus commençaient à battre la position. Aujourd'hui, l'ennemi tire sur nous de la droite, de X... sans doute, et notre cabane, qui craint peu les feux de l'Hartmannswillerkopf et de la gauche, de ce côté est singulièrement vulnérable. Sur la pente, elle s'offre aux coups longs. Ainsi, sur nous, les feux de l'ennemi se croisent. La situation de notre batterie s'aggrave terriblement. La nuit est close. Les obusiers ne se taisent pas. Par bonheur, ils tirent court. Un seul obus est venu s'abattre aux environs des cuisines.

Mathurin, en montant la soupe, nous annonce qu'un éclat a percé un de nos seaux

— Lequel? s'écrie Julien.
— Celui à l'eau.
— Et l'autre, l'autre?
— Eh bien, l'autre?
— Oui, poursuit Julien. Le seau au pinard. Où l'avais-tu mis, le seau au pinard?
— A côté!
— Bourrique! Il aurait aussi bien pu être crevé... On aurait tiré la langue!... Je te l'ai pourtant dit... tu laisses le pinard au milieu de la place... au milieu pour qu'il puisse être mieux renversé d'un coup de botte ou démoli par un pruneau.
— En voilà une affaire! répond Mathurin, abasourdi.
— Oui... Vous avez un abri de bombardement... A quoi qu'il sert?
— Je le mettrai dedans, dans le fond... là... Ne te fâche pas!
— Je ne me fâche pas, grogne encore Julien, déjà rasséréné.

31 décembre 1915.

Les obusiers ont encore bombardé cette nuit les bois entre la batterie du 56 et notre cabane.

Mais j'étais si las que je n'ai point entendu leurs coups.

De bonne heure, on nous a envoyés à nos pièces.

Quel beau jour de Saint-Sylvestre! Face aux armées françaises, le soleil montre son masque rouge au-dessus des montagnes de la Forêt-Noire. Des nuages ténus s'étirent roses sur le ciel d'un bleu pâle. La lumière, effleurant la crête que nous occupons, éclaire les sous-bois d'une clarté qui seulement les frôle, caresse les troncs lisses des hêtres, les fûts rudes des sapins. Un peuple de mésanges et de verdiers pépient dans les bois; il fait tiède.

Et dire que ce calme, cette heure émouvante, d'une surprenante douceur au plus creux de l'hiver, est perfide comme une vipère dans les roses. De là-bas, de derrière ces montagnes, aux profils admirables qu'adoucissent les clartés de ce beau matin, dans la minute prochaine, la mort peut nous venir, nous surprendre...

Quelle joie il y aura à contempler ces sourires que la nature prodigue, même aux saisons les plus austères, à respirer, à vivre, quand on saura que demain on vivra, on respirera, on ouvrira encore les yeux sur le monde! Ah! s'il nous est donné de vivre encore, comme nous saurons vivre!

Vers huit heures, nous avons tiré une salve, troublant les premiers le calme de cette radieuse matinée. L'ennemi n'a pas répondu. Seulement, dès midi, de part et d'autre, la canonnade a repris, assourdissante, fatigante. Et les obus de 150 recommencent à tomber en avant de nos abris, si près que la terre et les pierres volent sur les casemates et que, par les embrasures, elles viennent souiller nos pièces fraîchement nettoyées. La première volée nous a tous trouvés dehors, occupés à consolider encore la carapace de roches qui couvre notre abri. Nous nous sommes jetés à terre; près de ma tête, un éclat est venu écorcher une pierre. Tout de suite, nous sommes rentrés dans notre trou. Au fond de l'étroite tranchée, Julien s'agite :

— Fais donc attention, dis-je. Tu me marches sur les pieds.

— Après!

— Comment après?

— J'ai pas mon banc!

Aidé de Léon, avec un bout de planche, un rondin et un clou, il a construit de primitives bancelles qui nous aident à supporter les longues stations dans la tranchée-abri.

Je grogne :

— Je ne l'ai pas, ton banc! Assieds-toi sur les talons.

Les obus tombent secouant les rondins.

— Du 150 qui n'est pas pourri, constate Petit.

— Oui, ça se casse en tombant, répond Julien. Et puis, je garantis la solidité de la boutique. Un 150 s'y casserait le nez... Ah! ce qu'on est mal là-dedans... Je voudrais bien savoir quel est le cochon qui a mon banc.

— Quelle colique avec son banc!

— Ton banc... Il est dehors, tu l'as laissé dehors!

— Je vais le chercher.

Je m'efforce de le dissuader :

— Risquer de se faire moucher pour un banc!

Mais, avec son habituelle confiance, il me répond :

— Tant qu'ils n'auront pas des canons cintrés et des obus carrés, ils n'auront pas la peau de mézigue!

Déjà, nous écrasant contre la paroi de pierre, se tordant pour passer dans l'étroit boyau, il a atteint l'entrée; il est sorti sur le sentier.

— Je le vois...

Un obus éclate à quelques mètres de la casemate, abattant un sapin.

Je murmure :

— Imbécile!

Et, comme je vais sortir la tête de l'abri pour voir si Julien n'est pas blessé, il saute dans le trou en me bousculant, en agitant son banc.

— Ils l'auraient bien démoli avec leurs sales machines.

Il constate :

— C'est toujours à la même place... Un peu court et à droite. Seulement, ça se casse!

Et il entonne son chant de victoire :

> C'était hier l'enterrement
> De ma pauvre belle-maman.

On hurle :
— Assez!
— Non...
— On la connaît!
— Autre chose...

Un obus s'écrase. Tout tremble. Entre les rondins, de la terre et des graviers tombent et crépitent sur nos casques.

— Pas loin! dit François.

— Je reprends! crie Julien. Une mesure pour rien...

Un obus plus près encore...

— Eh! Eh! Ça change, murmure Petit.

— Je crois bien, Petit, qu'ils nous tirent sur la gueule!

Entêté, Julien entonne :

> C'était hier l'enterrement
> De ma pauvre belle-maman.
> Une femme qu'avait tout' les vertus
> Hélas! Nous ne la r'verrons plus.

— Deuxième catastrophe! Attention!... Les marmites!

Dix fois les obus interrompent Julien.

Angoissés et amusés à la fois, on écoute, l'oreille inquiète pourtant attentive à cette vieille chanson montmartroise dont le rythme, d'abord funèbre comme un *De Profundis*, s'anime peu à peu, et finalement sautille dans une folle gaîté. On écoute aussi les sifflements des obus, les hurlements de la mitraille à travers les arbres.

> Quand vot' crampon s'ra décédé,
> Gai... gai... la rira... dondé.
> Faudra l'enterrer comme ça,
> La rifla... fla... fla!

Cette fois, les obus se font attendre.

— Est-ce que ça les aurait calmés? constate Julien.

Le feu de l'ennemi s'espace, puis s'éteint. La brune tombe... On sort du trou... On regagne le cantonnement.

— Tout ça finira mal, grogne Petit.

François hoche la tête :

— F... position!

Prosper acquiesce :

— F... position! Sûr... F... position!... « Quand votre crampon sera décédé, gai, gai, gai.. la rira don... dé... Faudra l'enterrer comme ça... » Ah! zut!... Il m'a fichu son air dans la tête... Je ne vais plus pouvoir m'en dépoisonner...

Tout de même, je voudrais bien être redescendu de ces montagnes-là.

Le bombardement a irrité nos nerfs. Sur le sentier qui rejoint nos cuisines à la baraque, Mathurin s'est abattu avec les plats. La moitié de la soupe est renversée. Le rata n'est pas cuit. François fait au cuisinier de rudes reproches :

— Ah! ben, mon vieux! dit Mathurin, les mouches tombaient autour des cuisines. On s'est mis à l'abri!

— As-tu apporté l'entonnoir?

— Je l'ai oublié.

— Tu l'oublies tous les jours.

— Ah! ben, mon vieux!...

— Tu ne sais dire que cela : « Ah! ben, mon vieux! » On va encore renverser la moitié du vin en le mettant dans les bidons.

— Veux-tu faire la croûte à ma place?

— Ça serait aussi bon!

Je crie :

— Ah! zut! La paix! On fera un entonnoir avec une enveloppe de lettre. Il n'y a pas de quoi fouetter un chat.

François s'est calmé. Mais, tandis qu'on se partage le vin, voilà qu'un sifflement d'obus nous fait à tous dresser la tête. On s'aperçoit que c'est Mathurin, excellent imitateur vocal, qui vient de faire ce bruit.

On l'injurie :
— Brute!
— C'est idiot!
— Es-tu saoul?
— Ou fou?
— Dis, es-tu saoul?

Mais Mathurin, qui étouffe de rire, répète le sifflement.

— Ta gueule! La fermeras-tu, ta gueule? hurle Julien en s'avançant le poing haut.

Je me mets entre eux et je fais taire Mathurin qui, à la fin, nous énerve :

— F...-nous la paix ou va faire l'obus dehors!

Toujours riant à pleine gorge, Mathurin se jette sur son lit de paille.

Quelle misère! Un des mulets de ravitaillement est encore tombé au ravin. Le tonnelet de vin s'est débondé. Il n'en reste plus une goutte. Les colis sont écrasés.

Nous devions être ravitaillés en munitions au cours de la nuit. Mais les ténèbres sont si profondes et le chemin, défoncé à présent par les obus, si mauvais qu'un seul caisson a réussi à aborder la position. Les trois autres, versés, sont demeurés on ne sait dans quels ravins; les conducteurs ont dû dételer et attendre sur place le jour.

Triste fin d'une triste année.

1ᵉʳ janvier 1916.

— Écoutez ça !

Je tousse pour assurer ma voix :

« Groupe du 44ᵉ d'artillerie :

« Le colonel a chargé le chef d'escadron d'adresser aux officiers et au personnel du groupe ses meilleurs souhaits à l'occasion de la nouvelle année. Il renouvelle à cette occasion ses félicitations aux batteries du 44ᵉ, si brillantes au feu et qui comptent déjà tant de beaux actes de guerre.

« Le chef d'escadron est heureux de transmettre ces félicitations et ces vœux et d'y joindre les siens. Qu'il s'agisse d'aider une attaque par des tirs précis au mépris de tout danger ou qu'il s'agisse plus simplement de montrer à l'ennemi par une vigilance quotidienne, par une belle tenue militaire, que notre armée est de plus en plus forte et a toujours confiance dans la victoire, le groupe du 44ᵉ a constamment donné l'exemple ; il a été apprécié aussi de toutes les unités d'infanterie pour lesquelles il travaillait. L'année 1916 ne se passera pas, sans doute, sans que vienne la récompense de tant d'efforts. Cette récompense : la tranquillité et la grandeur de la France pendant des générations, est assez belle pour que tous les sacrifices paraissent légers.

« A tous ces vœux, le capitaine commandant ajoute les siens qu'il adresse du fond du cœur à tout le personnel de la batterie. Il saisit cette occasion pour redire combien il est fier de commander à une batterie qui, dans tous les secteurs où elle va combattre, est toujours la plus belle et dans laquelle tous, gradés et canonniers, sont animés au plus haut point de ces qualités bien françaises : le courage et la gaieté ! »

— Fermez le ban ! crie quelqu'un du fond de la cabane.

Fermez le ban ! On dirait que l'ennemi a entendu. Les 150 commencent à s'abattre sur la batterie. Un 77 troue l'air avec un sifflement strident, éclate dans un arbre voisin qui craque. Les balles cinglent les planches de la baraque.

Quelqu'un fait :

— Ah ! mais...

Un servant a entr'ouvert la porte pour voir où l'obus était tombé. Un autre éclate plus près encore. L'homme se jette en arrière.

— J'en ai, dit-il.

On l'interroge :

— Où ?

Mais, sans répondre, il s'assied sur un banc et vite se déchausse. Il n'est pas blessé. L'éclat a coupé le cuir de son soulier et s'est enfoncé profondément dans le plancher.

Et les 77, frôlant le toit de notre fragile demeure, s'abattent sur la pente vers les cuisines. La section d'obusiers, qui a pris à partie la batterie du 56°, ouvre le feu à son tour. Elle tire court, comme toujours, terriblement court. Tout tremble et notre cabane n'a d'un abri que l'apparence.

Nous imaginons les effets foudroyants qu'aurait ici un seul obus. Mais que faire? Partout alentour, la mitraille tombe aussi dru. Étendus sur la paille et roulés dans leurs couvertures, les hommes attendent.

— Ça finira bien! grogne Arsène.

Mais cela dure. L'ennemi s'acharne. Là-bas, sur la position, à moins de 200 mètres de nous, il déchaîne un enfer d'acier et de feu. Trois batteries ennemies tirent ensemble sur la nôtre. Nous les avons bien reconnues au bruit des explosions : 77, 105 et 150.

Une heure. Une quatrième batterie allemande a dû entrer en action : la batterie de 105 établie sur notre droite, vers Cernay.

Deux heures. Il semble que la violence du bombardement n'ait fait que croître. Seulement, les 77 ne menacent plus notre baraque. Tous les feux convergent sur la position.

Un téléphoniste entre en coup de vent :

— Tout le personnel aux pièces. Prenez vos sachets antiasphyxiants; ils envoient des obus puants aux environs.

Je n'ai pas besoin de répéter l'ordre. Merveilleux de calme, ou du moins de force de caractère, les servants se sont levés. Cette minute est extrêmement solennelle. Les visages sont graves. Personne n'a prononcé une parole.

Je demande :

— Nous y sommes?

On me répond par des signes de tête.

— Alors, allons-y!

Près de l'entrée de la cabane, le capitaine qui prend le chemin de l'observatoire nous regarde passer, appuyé sur sa canne.

— Il faut leur montrer, dit-il, que nous ne sommes pas morts.

Quelques pas encore. Nous allons atteindre la zone la plus dangereuse. Une volée... Je commande :

— Maintenant, attention!... au trot!

Un bond! Allongés sur la terre, nous laissons s'abattre les obus et voler les éclats.

— Pas de mal?

Personne ne répond.

— Bien. En avant!

Un deuxième bond! Des arbres jetés à terre, puis hachés, rompus par la mitraille, encombrent le chemin. On trébuche dans les trous d'obus. Jamais nous ne pourrons atteindre la pièce avant qu'une nouvelle volée ne s'abatte...

— Halte ici!

La masse d'un abri à munitions, des arbres encore debout, un rocher nous protègent un peu. De ce terrible chemin, j'ai appris à connaître toutes les pierres, tous les risques. Nous nous sommes couchés. Les 150 cette fois. De la pierraille en pluie, des éclats d'acier et de bois nous arrosent! Pas d'accident... Vite à la pièce!

A l'abri, on souffle. Les 105!... Un sapin s'abat...

Il nous faut tirer deux salves de quinze coups chacune.

Je demande :

— Tu es pointé, François?

— Oui...

— Après la première salve, on augmentera tout de suite de 150. 4.500 à la hausse.

La volée de 77!...

— 4.550... 4.600...

— Vous êtes prêts? me demande le lieutenant qui surveille la batterie avec un calme et une maîtrise de soi qui font mon admiration.

— Quelques secondes encore... Tu y es, François?

— Oui.

Je crie :

— Deuxième pièce prête!

De sa voix claire, le lieutenant commande :

— Pour toute la batterie!... Feu!

Les 150!... On les a à peine entendus dans la rafale que déchaînent nos pièces. Julien compte les coups.

— Treize... Boum! Les 105... Nous sommes vernis... Quatorze... Quinze...

— Et maintenant, dis-je, augmentez de 150!... Ensemble aux roues... ah... hisse... hisse!

Les 77!... Un obus devant la bouche!... Des éclats entrent par l'embrasure. Je demande :

— Personne n'est blessé?... Non!... Roue droite à droite... hisse!... La hausse : 5.200... 5.300... 5.400... François, ta dérive?

— 14.

— 194. Bien... Prêt!

— Feu!

Encore quinze coups! Une folie de vitesse! Un vrai feu de mitrailleuses.

— Maintenant, à l'abri!

La nuit tombe... Encore une volée! Tout tremble! Mais ici nous sommes plus en sûreté que sous la casemate qui ne peut que nous protéger des éclats. Les grands éclairs des éclatements rayent l'heure brune. Jusqu'ici, dès la tombée de la nuit, les batteries allemandes, par crainte que leurs lueurs ne les découvrent, se taisaient. Mais ce soir, dans la nuit tout à fait close, deux batteries, l'une de 77, l'autre de 150, s'acharnent sur nous.

De l'abri téléphonique, on nous crie :
— Vous pouvez rentrer au cantonnement.

Rentrer au cantonnement dans les ténèbres, parmi les embûches des trous d'obus et des grands arbres jetés à travers le sentier, sous la mitraille qui tombe toujours dru! Mieux vaut attendre encore. Pourtant le tir de l'ennemi se ralentit. A observer le rythme du bombardement, nous avons reconnu qu'après la volée de 77, deux minutes se passaient avant que les 150 ne s'annoncent. Deux minutes, c'est presque assez pour sortir de la zone la plus dangereuse! Nous allons partir. Mais dans l'ombre épaisse, il est impossible de s'éloigner en groupe sans perdre à s'attendre mutuellement un temps précieux. Chacun prendra donc sa course à son gré...

— Attention, les 150!... Les 77 maintenant... un... deux... trois... quatre... Vite!

Nous nous échappons Tout de suite, avec François, j'ai gagné la pente abrupte qui, derrière la batterie, dévale au ravin. Un sapin abattu!... De la tête, des coudes, j'écarte ses branches rudes... Vite... Je m'abats sur un rocher!

Quelle nuit épaisse!... Je cours à travers des éboulis. Et, soudain, une ligne téléphonique me jugule, me renverse en pleine course. Je passe... je cours. Une branche m'égratigne la face... Je m'abats dans une tranchée... sans doute de feuillée!... Je dois être couvert d'excréments... Les 150! Mais déjà je suis loin. Les éclats bourdonnent... Deux bonds encore et, sur la pente proche, les fenêtres de la cabane m'apparaissent comme deux grands yeux lumineux ouverts sur la nuit.

Là-haut, on m'attend. Tous les servants sont déjà arrivés. Ouf!

Au poste de secours voisin, le major panse un homme de la quatrième pièce, atteint d'un éclat d'obus au poignet. Quelques 77, frôlant comme ce matin le toit de la cabane, vont encore s'abattre au ravin. Enfin, le silence!

— Quel jour de l'An! dit François.

Un des téléphonistes a compté plus de sept cents obus!

— Sept cents?
— Pour blesser un seul homme.
— De la veine!
— Oui.
— Mais ça recommencera demain.
— Sûrement.
— Et alors?...

2 janvier 1916.

Les heures du matin sont toujours paisibles. J'ai profité de ces instants, où l'on peut aller et venir à travers la forêt quasiment sans risque, pour monter à la position et voir — ce que je n'ai pu faire hier — si aucune des défenses de ma pièce n'est entamée.

L'abri de bombardement et la casemate, sous les abatis de branches que la mitraille a faits dans les cimes des arbres voisins, par miracle, sont intacts. Les éclats ont seulement balafré les rondins.

Mais, alentour, quels ravages! En quelques heures, le terrible bombardement a tellement changé ce paysage que, étonnés, mes yeux y cherchent vainement les lignes et les formes qui leur étaient devenues familières. Devant nous, à la place où se massait la forêt sombre aux longs fûts rectilignes, par-dessus un monstrueux hérissement d'épieux inégaux qui menacent le ciel, on découvre à présent la plaine grande ouverte, la plaine avec ses eaux, ses forêts, ses prairies et ses villes, jusque là-bas, par delà le fleuve, jusqu'au pied de la Forêt-Noire. Çà et là, un arbre se dresse encore, nu, dépouillé de ses branches, lamentable, avec seulement un panache de verdure à sa cime.

A cette heure, l'ennemi nous voit; il voit les masses de nos casemates, et peut-être même dans les embrasures sombres distingue-t-il les gueules de nos pièces. Il faut bien constater que, pour nous, la journée d'hier est un désastre. Vue comme elle l'est maintenant, la batterie est vouée à la destruction.

Et seul, contemplant cette forêt gisante qui m'émeut comme un champ de bataille jonché de morts, j'envisage notre avenir immédiat et je hausse les épaules.

— Que puis-je faire?... Si c'est là qu'est ma place désignée!

Le capitaine a donné ordre de laisser la position dans l'état où l'a mise le bombardement. Sauf nécessité absolue, nous ne tirerons pas aujourd'hui. Espère-t-on par ce silence dérouter l'ennemi? En est-il temps encore?

Nous allons mettre à profit ces instants précieux de répit pour ouvrir du cantonnement dans le flanc de la montagne d'étroites tranchées où chaque peloton de pièce trouvera un abri moins précaire qu'entre les murs de planches de la baraque. On pioche rageusement. De grandes nuées montent des ravins et vite nous enveloppent d'un épais brouillard qui se condense sur les branches des sapins et tombe sur les travailleurs en lourdes gouttes d'eau.

Aux environs, une pièce de 95 commence à

tirailler. Immédiatement, par volées régulières, les 150 ouvrent le feu sur notre batterie. Les éclats jusqu'ici viennent couper des branchettes de sapin. Nous nous abritons tant bien que mal dans les rudiments de tranchées que nous venons de creuser.

Quelle vie!

La rafale passée, on se remet à l'ouvrage. Mais la batterie de Rimailho établie à notre droite lâche une volée d'obus et, sur la position, le bombardement recommence. Quel rôle terrible de bouc émissaire, chargé de tous les péchés de l'artillerie française, allons-nous donc jouer ici?

Depuis longtemps la pièce de 95 et la batterie de Rimailho se sont tues que les obusiers ennemis tirent toujours. Plus lent qu'hier et plus méthodique, le bombardement dure jusqu'au soir.

Comme, enfin, le calme s'est fait et que la nuit s'est close, une fois la soupe avalée brûlante, on s'est étendu sur la paille et, pour oublier toutes nos misères, on se divertit à faire jaser notre muletier Philippe. Il connaît de fantastiques histoires de revenants.

— Ce vieux-là, nous dit-il, était sorcier. On le savait bien. Comme de juste, quand il mourut, le diable vint pour le prendre. Mais ses enfants étaient là. Ils ne voulaient pas le laisser emmener. Le diable tenait le défunt par les pieds et les enfants par la tête. Chacun tirait de son côté...

— Cômment était-il fait, le diable? demande Prosper.

— Comme toujours! Il a des cornes, une barbe et des pieds de vache.

— Tu l'as vu?

— Non, mais j'en connais qui l'ont vu?

— Alors, dit François, et le vieux sorcier?

— Ah! oui, le vieux sorcier..., reprend Philippe... Où donc que j'en étais, du vieux sorcier?

— Le diable le tenait par les pattes.

— Oui... Et les autres le tenaient donc par la tête. Ils n'arrivaient point à l'arracher de là. Alors un des enfants courut chercher le curé... Le curé ne voulait point venir... Il savait bien que le bonhomme était sorcier... A la fin, il vint pourtant... Alors, le diable s'en fut par la cheminée...

Une de nos batteries de montagne s'est mise à tirer. Tout de suite les obus de 150 recommencent à s'abattre par trois. Il faut se lever, chausser nos sabots et chercher un abri dans les tranchées que nous avons achevées et couvertes sommairement de petits rondins. Il pleut et, tandis que l'écrasement des 150 agite les ténèbres épaisses et que le bruit déferle dans les profondeurs de la forêt en lourdes ombres ténébreuses, accroupis les uns contre les autres sous l'eau qui s'égoutte entre les rondins, on écoute Philippe qui, transporté dans sa Bretagne fabuleuse, ne tarit plus.

— C'est comme les « petits bonhommes ».

— Les « petits bonhommes »? Raconte-nous ça.

— C'est arrivé à un fermier que je connais. Il lui fallait quelqu'un pour couper les ajoncs de son champ... Mais c'était de la mauvaise besogne... Et puis, le champ était ensorcelé... Personne ne voulait y travailler. Finalement, voilà qu'un journalier se présente avec une grande boîte... Il dit au fermier : « Je vais vous couper vos ajoncs, et ce sera fait avant ce soir. » — « Avant ce soir? que dit le fermier. C'est pas possible! » — « Ça serait fait! Combien me donnez-vous? » — « Tant! » — « Bon, entendu. » Et puis, il va se coucher sous un arbre... Au bout de deux heures, le fermier vint voir où en était le travail. Le journalier dormait toujours sous son arbre. Alors le fermier voulut voir ce qu'il y avait dans la boîte... Il l'ouvrit... Il en sortit plus de cent « petits bonhommes ».

— Des petits bonhommes?

— Oui !... Des « petits bonhommes »... Hauts comme ça ! Ils courent dans le champ... En dix minutes ils fauchent tout et puis ils rentrent dans leur boîte. Alors le journalier se réveille... Il voit que le fermier avait ouvert la boîte... Il se fâche et il lui dit qu'il lui arriverait bientôt un malheur...

Les obusiers ne tirent plus.
— Rentrons, dis-je. Il fait froid ici.
— ... Et ça n'a pas manqué, achève Philippe, tandis que nous nous enveloppons dans nos couvertures. Dans la semaine, il lui est crevé une vache qui valait plus de quarante pistoles !...

3 janvier.

Prosper me secoue les pieds :
— Eh ! chef de pièce !
Il est huit heures passées et je sommeille encore.
— Quoi ?
— Je viens de là-haut. Il est tombé deux 77 sur la casemate.

Je me lève d'un bond... Je réveille François. Tous deux nous courons à la position. La pièce est intacte. Un obus a brisé deux des rondins qui limitaient l'embrasure et a jeté les morceaux contre le tube. L'autre a coupé un des derniers sapins qui dissimulaient encore nos ouvrages et a écorné la casemate. Le dommage est minime. La solidité générale de nos abris n'est pas compromise. Une couple d'heures de travail suffira, je pense, à réparer tout le mal.

Le dernier bombardement a encore modifié l'aspect du paysage. Cette fois, les obus ne se sont pas égarés en avant de la batterie. Tout autour des pièces, ils ont creusé d'énormes entonnoirs et abattu les uns sur les autres les sapins et les hêtres qui subsistaient encore. Dans l'enchevêtrement des branches, l'accès des pièces devient de plus en plus difficile. Comme, dans le calme du matin, une batterie française ouvre le feu, nous nous éloignons en hâte, certains que la mitraille ne va pas tarder à faire rage ici.

Nous n'avons pas atteint la cabane que, sur la position, le bombardement commence. Assis sur le poêle, qu'on n'a pas encore eu le loisir d'allumer, Philippe pleure. On l'interroge :

— C'est ma mule... gémit-il...
— Eh bien?
— Elle a pris un éclat dans le flanc...
— Quand?
— Hier soir, sans doute...
— Elle est morte?

— Non. Je vais tâcher de la mener jusqu'à Bitschwiller. Pauvre bourrique!

Trois heures. Le bombardement de la position ne s'est guère interrompu qu'une heure vers le milieu du jour. Mais, dès midi, l'infernal tir à démolir que l'ennemi a exécuté sur nous avant-hier, et où les 150 se mêlaient aux 105 et aux 77, recommence et nous oblige à quitter la cabane pour nous réfugier dans nos tranchées-abris.

Trois heures et demie. Le bombardement s'est un peu ralenti. Deux batteries allemandes tirent encore.

Le sous-lieutenant appelle :

— Les chefs de pièce de la première section?

— Voilà.

— Nous allons tirer.

De toute notre énergie, nous dissimulons notre angoisse. Aucune de nos voix ne tremble.

— Les éléments?

— Les voici... D'ailleurs, je vous accompagne.

De la main, je fais signe à mes hommes. Sans accident, à travers les abatis de plus en plus inextricables, nous atteignons la pièce. Le feu des obusiers s'est éteint tout à fait. Certainement, nous aurons le temps de lâcher sur B... notre première volée avant que les batteries ennemies ne se réveillent. Après... il faudra s'en remettre à notre chance. En moins de deux minutes, trente obus vomis par la pièce ont été s'abattre là-bas, sur B...

Sous la protection encore intacte de l'abri de bombardement, nous nous attendions à un déluge d'acier et, pour toute réponse, l'ennemi n'a envoyé que quatre obus qui, tous les quatre, ont été se perdre dans le ravin en arrière de la batterie.

Alors le lieutenant commande :

— Objectif A... Vingt-quatre obus. 3.450... 3.550... 3.650... 3.750. Par six, fauchez! Pressons-nous, le moment est bon.

La recommandation est superflue. Nous exécutons sur le but indiqué un tir foudroyant.

— C'est épatant; ils ne répondent pas, dit François.

Julien hausse les épaules :

— Leurs caissons sont vides.

— Objectif C, commande le lieutenant.

Trente obus encore, en rafale. Puis, un à un, les servants passent devant moi et se glissent dans l'abri de bombardement. Je rentre toujours le dernier dans cet étroit cul-de-sac, où l'on ne peut se mouvoir, afin de recevoir plus facilement les ordres. Deux pièces en retard, la première et la troisième, tirent encore. Julien cherche son banc.

— Allons, dis-je, presse-toi et rentre.

Comme, courbé, je me glisse à mon tour sous les rondins, une explosion terrible me jette contre la paroi de rocher. Je rentrais à reculons. Un grand éclair, jaillissant de la porte de la casemate, m'a frôlé le visage. La fumée de la mélinite nous enveloppe. Un rondin rompu s'est abattu à l'entrée de l'abri, à mes pieds.

Une seconde passe... deux secondes... J'avance la tête et le buste hors de la tranchée pour jeter un regard dans la casemate. Un juron me monte aux lèvres...

D'une voix étranglée, François me demande :
— Quoi ?

En l'air, un obus hurle... Je me jette en arrière. Il passe...

— La pièce est démolie, dis-je.

Dans cette seconde, avec son bouclier percé, plié comme le coin d'une feuille de carton, avec ses volants et ses appareils de pointage broyés, sous la charge des rondins que l'éclatement a brisés et qui se sont abattus sur la volée et sur la jaquette, ma pièce m'est apparue, droite encore sur ses roues, menaçant toujours la plaine et comme vivante encore.

Entre deux rafales, j'ai couru à l'abri téléphonique :

— Deuxième pièce ! Ne tire plus... Démolie ! Prévenez !...

Le tir de l'ennemi, terriblement précis ce soir, est lent. J'ai pu, sans grand risque, renvoyer au cantonnement mes servants, inutiles ici à cette heure.

Je suis allé me mettre à la disposition du sous-lieutenant. Il n'a pas besoin de moi et, tout de suite, j'ai rejoint mon peloton à la cabane.

On respire. On a chaud.

— Trois secondes de plus, dit Prosper... un raté... une douille coincée... et nous y passions tous !...

Personne ne répond. Mais Julien, qui vient d'ouvrir un des journaux que Philippe a rapportés de Bitschwiller, dit :

— Écoutez un peu !

Il lit :

« Hier, le vent a soufflé sur Paris avec une certaine violence. Que de tuiles arrachées des toits ! Que de parapluies retournés ! Les passants, qui se hâtaient aux visites du jour de l'An, maugréaient fort. Toutefois on n'a signalé qu'un seul accident de quelque importance : rue de la Roquette, le chapeau d'une cheminée en tôle... Cheminée en tôle, *sic*... qui surmontait la maison portant le n° 138, est tombé sur le trottoir... »

Et Julien ajoute :

— Vous voyez qu'il ne fait pas meilleur là-bas qu'ici !

On hausse les épaules.

Comme l'artillerie allemande enfin s'est tue, je suis allé dans la nuit, avec le lieutenant et le sous-chef mécanicien, voir dans quel état était ma pièce. A la lueur d'une lampe électrique, que nous masquons soigneusement à l'ennemi avec nos manteaux, nous avons pu constater qu'après de très sérieuses réparations, la pièce 1233 pourrait de nouveau tirer.

Il fait froid ce soir. Là-bas, dans l'atmosphère claire, les villes et les villages de la plaine scintillent de feux éclatants. On dirait des yeux qui nous narguent.

— Et dire que nous avons des pièces de marine qui éteindraient si bien ces lampions-là !... murmure le lieutenant.

Et rageur, je grogne :

— Ah ! les salauds ! Il faut tout de même qu'ils se f... de nous pour illuminer comme ça tous les soirs, à notre nez !

4 janvier.

Journée d'extraordinaire soleil, de ciel bleu et de silence. On en savoure tous les instants.

On dit que nous allons changer de position... On dit que la division à laquelle nous appartenions est dissoute et que le général qui la commandait remplace le général Serret, tué. Nous serions rattachés à la 66ᵉ division et nous resterions ici à la garde du secteur. On commente ces bruits. Les uns regrettent déjà la vie errante des divisions de marche; les autres, fatigués de courir d'un point du front à l'autre, envisagent avec plaisir une situation plus stable.

Nous ne nous imaginions guère ce qui se passait à Bitschwiller où conducteurs et chevaux sont cantonnés dans la boue jusqu'au ventre, tandis qu'ici se joue pour la batterie le drame dont nos vies sont l'enjeu. A Bitschwiller, on entasse rapport sur rapport à l'occasion de ce fait, d'ailleurs encore mal établi, qu'un homme du 44ᵉ aurait souillé d'excréments le timon d'une voiture du 56ᵉ d'artillerie.

Qu'importe évidemment aux autorités de là-bas qu'il soit tombé ici déjà plus de deux mille obus. Elles poursuivent de leurs foudres un canonnier malpropre.

On doit venir cette nuit emmener ma pièce. Pendant le jour, nous n'avons pu la dégager de sous les décombres et la sortir du trou où elle est encore ensevelie. L'atmosphère était trop limpide; l'ennemi aurait pu voir chacun de nos mouvements. Il a fallu attendre l'ombre. Nous espérions une nuit claire où notre travail eût été facile. Mais avec la brune, le brouillard a enveloppé la montagne, si bien qu'à cette heure, les ténèbres sont profondes et que, dans la forêt ravagée, nous nous débattons contre l'enchevêtrement des branches et des troncs, parmi les embûches qu'ouvrent sous nos pieds les entonnoirs des obus. Il faut se battre avec les bois. On s'appelle.

— Tu es là, Léon?
— Oui.
— Es-tu sur le chemin?
— Non...
— Le chemin est plus encombré que le reste du bois, déclare Petit.
— Par là! Par là! hurle enfin François qui, ayant atteint la casemate, cherche à nous rallier d'une voix de chasseur qui rallie ses chiens.

Quelqu'un jure. Une lampe électrique s'allume. Quatre voix hurlent ensemble :

— Eteins ça!... Veux-tu éteindre?... Les Boches te voient!

François appelle toujours :

— Par là! Par là!

Enfin, voici la masse sombre de la casemate effondrée!

Tout de suite, en silence, l'oreille au guet, nous jetons loin de la pièce les troncs d'arbres rompus. Dans l'ombre, les fibres acérées du bois entrent dans les chairs de nos mains et de nos poignets. Le travail est long et pénible. Pourtant, lorsque la pièce est dégagée, le plus malaisé reste encore à faire. Il faut sortir le canon du trou au fond duquel il gît. Il peut encore rouler; nous le traînerons dehors, la gueule la première, en palliant la pente avec des pierres et des rondins brisés.

Nous avons fixé aux galets de bouche une corde à fourrage. Tandis que Léon, Mathurin, Petit et moi nous tirerons sur la corde, Julien poussera à la roue droite, Prosper à la roue gauche et François fera effort de l'épaule sur la culasse.

Je demande :

— Vous y êtes?

Julien nous recommande :

— Surtout, dès que la pièce aura monté un peu sur les rondins, tâchez de ne pas lâcher. Elle serait capable de nous écrabouiller en retombant.

— On ne lâchera pas.

— Alors, tout le monde y est?... Attention!... Attention!... Ferme!

Sous l'effort, les roues se sont engagées sur la pente. On a senti la lourde pièce d'acier monter un peu vers nous.

— Attention!... Ne lâchons pas! Attention!... Ferme!

Cette fois le canon n'a pas bougé. On recommence. Il ne monte pas d'un centimètre. Qu'y a-t-il?

— Je crois qu'une roue est coincée, dit Prosper.

— Jamais on ne montera, grogne François. Trop lourd...

Penchés en arrière, attelés à la corde de toute la force de nos bras, nous sentons peu à peu le poids nous gagner. Peu à peu nos muscles se détendent.

— Garez-vous, crie Léon aux hommes qui tiennent les roues et dont nous entendons le souffle rude. Ça va redescendre!...

— Ne lâchez pas! crie Julien.

A la fin le poids nous entraîne et la pièce glisse au fond du trou.

— Cochonnerie!

— On va se casser quelque chose à bricoler comme ça dans un noir pareil, dit François. Et puis, on n'est pas en force. Ça ne montera jamais.

Il faut aller à la cabane chercher des hommes de renfort et une corde plus solide. A quinze, unissant nos efforts, nous tirons enfin la pièce hors de la casemate.

Là-bas les brumes, qui tout à l'heure s'étalaient sur la plaine, se sont dissipées découvrant toutes les lumières d'Alsace.

Se dire que l'ennemi bombarde Dunkerque, bombarde Nancy — il a commencé aujourd'hui — et que nous n'éteindrons pas ces feux-là!... Je rage...

— Tenez! dis-je. Nous n'avons plus rien à faire ici. Rentrons.

5 janvier.

Journée de brumes froides qui tissent des gazes opaques entre les rameaux de la forêt.

Les poêles ronflent. Les bijoutiers liment à petit bruit. Quatre manilleurs assis à la turque sur leurs lits de paille poursuivent une partie agitée.

— Pourquoi as-tu coupé la manille? hurle l'un d'eux. Pourquoi l'as-tu coupée?

L'interpellé entre dans des explications confuses et volubiles. Mais l'autre hurle plus fort :

— C'est pas ça que je te demande. Pourquoi as-tu coupé la manille?

Ne vont-ils pas en venir aux mains? Mais vite l'atmosphère se rassérène. Il fait tiède ici.

Quelques obus sont tombés dans la nuit et l'un d'eux a encore entamé légèrement la casemate de la quatrième pièce.

Longue et morne journée. On fume, on lit, on bourre les poêles, on dort. A la brune, commencement d'incendie. Une âcre odeur de chiffon brûlé se répand dans la cabane.

— Qu'est-ce qui se grille le poil là dedans? crie Julien.

L'homme s'était endormi en lisant. La bougie, presque consumée, est tombée de la suspension de fil de fer dans la paille et y a mis le feu. Julien secoue le dormeur.

— Eh! là! camarade! Tu brûles!... Tu ne le sentais pas?... Roule-toi... Là, c'est éteint. Ton fond de culotte est brûlé... T'as pas la fesse rôtie?... Ça va?...

Souvent, dans notre présente misère, on trouve ici, lorsque la nuit s'est close et que sur la montagne et dans la plaine le silence s'est fait, des heures de vraie douceur. Ah! comme on aime la vie lorsqu'on a failli la perdre! Quand les nerfs se sont calmés, quand le danger pour un moment s'est éloigné de nous et que, dans le calme du soir, les heures périlleuses du jour n'apparaissent plus que comme un tourbillon de cauchemars déjà lointain, quel bonheur il y a, dans l'absolu repos des membres, à s'absorber uniquement dans la douce sensation de vivre, de sentir son sang couler, de sentir sa poitrine palpiter, de se sentir un corps tiède sous les couvertures dans l'atmosphère froide de la nuit.

Et peut-être n'est-ce qu'une courte rémission!... Demain peut apporter le définitif. Demain!... Mais on a tant d'heures encore à vivre avant les tardives aubes d'hiver! Demain est loin. Et puis on en arrive presque à l'oublier, à oublier la guerre, la menace, à s'attarder devant de lumineuses perspectives d'avenir. L'esprit roule à travers des pensées troubles et douces.

7 janvier.

Silence encore. Il semble que l'opération tentée contre la montagne d'Hartmannswiller est terminée. Elle ne nous aura guère profité. Sur presque tout le front d'attaque nous nous retrouvons dans les tranchées de départ. Au R..., le feu de l'artillerie ennemie nous a contraints à abandonner le terrain conquis, encore imparfaitement organisé. Nous conservons le rocher d'H... avec quelques centaines de mètres de terrain. Quant aux prises en hommes, elles doivent se compenser : treize cents fantassins allemands valides, capturés lors de la première attaque; douze cents des nôtres entourés la même nuit et faits prisonniers.

Encore un vain effort contre cette sanglante montagne. Pourquoi de part et d'autre s'en dispute-t-on la possession avec un pareil acharnement? On m'a dit que l'Hartmannswillerkopf commandait Cernay, Mulhouse et toute la plaine; qu'il en était le flanquement et la caponnière et que, de sa possession, dépendait l'ensemble des opérations militaires vers le sud.

Toutes les batteries françaises qui garnissent

les crêtes ont été, comme la nôtre, au cours de ces derniers combats, terriblement repérées par l'ennemi. Pas un de nos observatoires n'a échappé au bombardement. Comment les Allemands ont-ils pu connaître ainsi toutes nos positions? Espionnage, prises de plans importants sur nos prisonniers? Nous l'ignorons. Mais, profitant du calme qui depuis plus de quarante-huit heures règne sur la montagne, la plupart des batteries repérées changent de position.

Trois de nos pièces, dont la mienne, — car, dans la nuit il nous est arrivé un canon — vont se déplacer tandis que la quatrième restera ici et s'y retranchera. On nous offre pour établir la position nouvelle, l'aide de quarante territoriaux.

En vingt minutes, à travers bois, accompagné de mes servants, j'ai atteint le nouvel emplacement de batterie. Déjà, çà et là, des obus sont venus éclaircir la forêt. Pourtant cette position est meilleure que l'autre. Un pli de terrain masque nos pièces et l'ennemi peut avec ses obus déboiser la crête en avant de nous sans pour cela découvrir nos pièces.

Tandis que les territoriaux tracent en hâte un sentier qui mènera à la cabane en évitant autant qu'il se peut les zones systématiquement battues par l'ennemi, j'ai pris possession de ce coin de forêt où va se poursuivre le drame si mal commencé. A cinquante mètres de la place où s'élèvera la casemate de ma pièce s'ouvre dans le flanc de la montagne une galerie souterraine. Sans doute a-t-on tenté là un sondage. Longtemps cet étroit boyau serpente. Courbé, — car la voûte est basse, — suivi de François, de Julien et de Léon, je vais le premier, éclairant notre marche du cône de lumière blanche que projette ma lampe électrique. Sous nos pieds, un plancher résonne cachant sans doute une source. Je compte mes pas... soixante-quinze, quatre-vingts... On s'extasie.

— Un bel abri de bombardement.
— Ils peuvent en lancer!
— Il y a plus de dix mètres de rocher au-dessus de nous!

De la voûte l'eau s'égoutte. Des chauves-souris aux ailes délicates, semblables à des feuilles de sycomore, pendent de la roche, accrochées par une griffe. Ici on n'entend plus le canon. Il fait tiède; il règne une odeur rance, pénible; on respire mal. Quatre-vingt-douze pas... quatre-vingt-treize...

— Le bout!
— Quel beau trou, proclame Julien.
— En cas de marmitage sérieux, on pourra se réfugier ici.

Le malheur est que l'entrée de cette galerie est encore trop éloignée de l'emplacement de pièce pour nous dispenser de construire près de la casemate un abri de bombardement.

Déjà les territoriaux ont déblayé la place où nous installerons notre nouveau canon. Tandis qu'ils édifient un des murs de rondins, nous traçons les plans de cette tranchée fortifiée de la solidité de laquelle notre vie dépendra peut-être. Mais, précisément, à l'endroit où il faut la creuser pour que la casemate la protège et que les troncs d'arbres dont elle sera couverte garantissent la casemate, ont été établies les feuillées d'un cantonnement abandonné dont les obus ennemis ont criblé et brûlé en partie les frêles cabanes de planches.

— Ça! clame Julien, c'est la dernière misère! Vidangeurs!...

— Et c'est pourtant là qu'il faut faire l'abri, constate Petit.

— Oui.

— Alors?

— Alors...

— Il n'y a pas à faire la fine gueule, déclare François. Il s'agit de notre peau.

Je demande :

— Qu'est-ce qui se sent du courage?

Prosper examine la besogne et se bouche le nez.

— Ça tape!...

Mais François hausse les épaules :

— Ce n'est jamais que de la m... J'en vide la moitié...

Petit se décide :

— Et moi l'autre...

François prend une pelle et déclare :

— F... le camp, ça va puer!...

On s'éloigne.

François, que les nausées secouent, a vite été obligé d'abandonner l'ignoble travail. Petit le remplace.

Comme, à la nuit tombante, nous quittons le chantier pour rentrer à la cabane, l'ennemi ouvre le feu sur la batterie du 56e, notre voisine, derrière laquelle passe le sentier. Les éclats bourdonnent; on se hâte à travers les cailloux.

Les poux ont envahi le cantonnement et Arsène prétend que j'en ai comme il en a lui-même, comme en a son voisin et le voisin de son voisin.

— Je les sentirais bien, que diable!

— Tu en as...

— Non!

— Une bouteille de champagne, que tu en as?

— Tenu. Tope là!

Je me déshabille. Arsène a allumé deux bougies. Soigneusement il examine ma chemise et ma flanelle. Il grogne :

— Il n'en a pas, l'animal! Un petit, rien qu'un petit... un tout petit...

Il ne fait guère chaud; je m'impatiente :

— As-tu fini?

— Rien qu'un tout petit, répète Arsène.

Mais, à la fin, il doit s'avouer vaincu. Il me rend mes effets.

— Cochon! dit-il, tu n'as pas de poux. J'ai perdu.

Triomphant, mais grelottant, je me rhabille.

8 janvier.

Le temps a brusquement changé au cours de la nuit. Il a neigé. Et sur les montagnes blanches règne à cette heure un beau ciel clair. A la première aube, nos batteries ont tonné longuement. L'ennemi a répondu. Puis, tout s'est tu et sur les forêts s'étend un lumineux et froid silence.

Du chemin muletier, qu'il nous faut emprunter longtemps pour gagner les positions nouvelles et que l'ennemi découvrirait si une maigre haie factice ne le lui dissimulait tant bien que mal, par delà les vallées et les crêtes où les forêts de hêtres prennent des teintes mauves, au loin la plaine s'étale comme une carte et se perd dans des brumes bleues d'une inexprimable douceur.

A l'opposé, du côté de la France, entre les nuages qui du fond de l'occident accourent, sombres et tordus comme les fumées d'énormes incendies fouettées par le vent, le ciel est vert, d'un vert pâle d'émail. La neige sur les branches des sapins soude les rameaux et les brindilles, en fait de lourdes palmes circonflexes sous leur charge immaculée.

Aidés des territoriaux, nous avons abattu des sapins et des hêtres si pesants que, malgré la neige glissante qui facilite le transport, il faut s'atteler à trente sur de grosses cordes et se reprendre cinquante fois pour les amener jusqu'à l'emplacement de la pièce. Nous voulons construire une vraie forteresse.

Suants, haletants, parfois les servants s'interrompent dans leur rude labeur pour maugréer.

— On va travailler comme des forçats, pour partir dans huit jours.

— Partir!... Je ne regretterais pas mon travail si le départ était au bout, grogne François.

— Combien faudra-t-il en faire encore de casemates avant que la guerre finisse? dit Prosper. Combien?...

— Ah! quelle misère!

— Avec cette fichue neige on a les pieds sans connaissance.

— J'ai un litre d'eau dans chaque soulier, gémit Julien.

De part et d'autre le bombardement recommence. Les obus de nos batteries lourdes, établies au fond du ravin, semblent frôler de si près la crête que l'on craint à chaque moment qu'ils ne s'arrêtent dans la cime d'un sapin. Les éclats des coups que l'ennemi destine à la batterie du 56° volent jusqu'ici, cinglent les branches des sapins, secouent la neige qui tombe en fine poussière.

Nous n'avons pas interrompu notre besogne. Vers midi seulement nous quittons la position pour aller attendre à la cabane. Mais, au détour que fait le sentier tracé avant-hier par les territoriaux pour rejoindre au pied d'un haut rocher le chemin muletier, un obus vient d'ouvrir un trou noir, éclaboussant de terre la neige d'alentour. Uu arbre est tombé en travers du chemin. Nous prenons notre course. Sous nos pas, la neige qui fond fait avec la terre rouge de la montagne une boue sanglante. Et soudain, sans que j'aie entendu aucun sifflement, devant moi, à vingt mètres, la neige et les pierres du chemin ont jailli. Petit, Julien et François ont roulé à terre. L'obus est presque tombé sur eux. J'ai à peine eu le temps de saluer la volée d'éclats. Sont-ils tués, blessés? Je cours à eux; je vais crier... Ils se relèvent... ils courent; je les suis! Un obus éclate derrière nous. Sur le chemin descendant, hors de la zone battue, ils s'arrêtent enfin, à bout de souffle, à l'abri d'un roc qui domine le ravin boisé, comme un promontoire.

Tous trois sont couverts de terre et de boue, très pâles.

J'interroge :

— Pas de mal?

Ils font non de la tête.

— Il était temps, bonhomme! murmure François se parlant à lui-même.

Julien fait une grimace drôle :

— Encore un qui n'était pas cintré! Il ne nous a pas eus! T'as vu?...

Mais Petit, qui examine son casque, hoche la tête :

— Mon casque en a eu, lui... et un bon coup!

La soupe mangée, il faut retourner au travail. Nous n'avons pas un moment à perdre. Nous devons être dans un délai très bref en état de tirer.

En attendant, la première pièce, demeurée ici sous sa casemate épargnée par le bombardement, assure seule les tirs de la section. Les obusiers de 150 arrosent toujours de mitraille le chemin muletier. On entend les sourds éclatements qui résonnent jusqu'au cœur de la montagne. En gagnant le fond du ravin pour remonter ensuite, nous allons tenter d'éviter le passage qui ce matin a failli nous être fatal. Comme nous nous éloignons, par quatre, les gros obus recommencent à s'abattre sur la position. Glissant sur les pentes, secouant sur nous au passage la neige sous laquelle ploient les branches des sapins, hors de tout chemin frayé, par un long détour, nous avons atteint cette batterie de 65 de montagne dont nous entendons depuis quelques jours derrière nous les rafales foudroyantes comme des rafales de mitrailleuse. Justement, dans la pénombre des casemates, les pièces, étrangement minuscules et que les artilleurs servent à genoux, tirent sans répit. Leur voix est plus brève, plus désagréable encore que celle des nôtres. Nous nous sommes arrêtés un instant pour souffler. D'ici on découvre le petit col qu'occupe notre batterie, dénudé à présent, et où traînent de grandes fumées d'obus. Là-bas, l'ennemi répète le bombardement à grand orchestre du 1ᵉʳ et du 4 janvier. On n'entend qu'un sourd roulement où se mêlent des éclatements des 105, des 150 et des shrapnells de 77, dont on aperçoit d'ici les flocons jaunâtres frôlant la crête.

Tout le long des lignes, la canonnade à présent fait rage. Des explosions proches secouent l'air; de gros paquets de neige tombent des branches qui, allégées, vacillent longtemps.

L'ennemi a certainement attaqué.

Jusqu'au soir nous avons travaillé à la casemate avec les territoriaux inquiets, qui épiaient les bruits de l'air sous les volées d'acier venues de trop loin pour être vraiment dangereuses.

A la brune, le bombardement a diminué peu à peu de violence. La canonnade s'est éteinte tout à fait lorsque nous rentrons au cantonnement.

Cinq hommes sont là devant la cabane, immobiles, bras ballants, et silencieux d'horreur.

La pente est rude et nous haletons, pressant pourtant le pas, lisant un malheur sur les masques douloureux, aux yeux hagards, de nos camarades.

Arsène me fait un grand geste des bras. Je demande :

— Qu'est-ce qu'il y a?

Il hoche la tête :

— Quelle après-midi! me dit-il. Il a fallu tirer... Ordre supérieur!... Ah! ils en ont versé!... Bélivier est tué!

— Tué!

— En allant chercher des ordres au téléphone... Un obus fusant... Le crâne ouvert, il vient seulement de mourir!... C'est un miracle que toute la troisième pièce n'y soit pas restée!... J'étais dans l'abri avec eux... C'est la troisième qui a ouvert le feu... Ils nous voient maintenant... Ils ont fait un tir à démolir sur la casemate de la troisième pièce... Les coups ne s'écartaient guère... Le canon a été démoli... Nous étions dans l'abri de bombardement; il en est tombé cinq ou six dessus. A la fin, il s'est effondré!... On a reçu des pierres, des rondins sur le corps... On suffoquait!... La mélinite ou les gaz!... Et puis, ils avaient abattu un sapin qui bouchait l'entrée... Il a pourtant fallu sortir... C'était le plus fort du bombardement... 77... 88... 105... 150... On s'est réfugié au téléphone. Je me demande comment il n'en est pas resté en route!... Tiens... on apporte Bélivier...

Dans la nuit tombante, on voit, en effet, descendant de la position, à travers les débris de la forêt, parmi les troncs rompus, broyés, deux hommes qui portent un brancard. Ils le posent près de nous sur le sentier. Nous nous découvrons tous. Les servants ont soigneusement enveloppé dans une toile de tente bise le corps de leur chef de pièce. Seuls en dépassent ses pieds chaussés de lourdes bottes de tranchées. Que cet instant est émouvant! Lepeck, le meilleur ami du mort, pleure. Il voudrait revoir encore une fois Bélivier. Mais, à quoi bon découvrir ce visage tragique et sanglant?... On l'en dissuade. Il répète :

— Pauvre vieux! Pauvre vieux Bélivier!

Très émus tous deux, le capitaine et le lieutenant sont là, debout parmi nous. Nous nous taisons. Comme il faut emporter le corps jusqu'au fourgon qui le transportera cette nuit à Bitschwiller où demain on lui fera une sépulture décente dans le cimetière militaire, le capitaine, très simplement, d'une voix qui tremble un peu, donne le dernier adieu à notre camarade.

Deux hommes s'éloignent avec le brancard. Nous le suivons des yeux jusqu'au détour du sentier.

— Le dernier chef de pièce de la mobilisation, murmure quelqu'un.

— Elle en a usé des chefs de pièce, cette sacrée batterie!

Bélivier était un beau garçon au visage régulier et froid. Taciturne, il apportait quelque raideur dans son service, n'admettait point chez ses hommes les défaillances dont il savait toujours se garder lui-même. Je n'ai point connu d'homme plus parfaitement brave. Quel admirable type de soldat disparaît avec lui!

Et voilà! Quinze mois de misères et de risques sans une écorchure, et la mort foudroyante ce soir!...

9 janvier.

Il est tombé beaucoup de neige dans la nuit. Sur la position démantelée elle a jeté un grand linceul. Sous l'effondrement des abris, ensevelie sous ce drap blanc dans le grand silence, la batterie semble ce matin un mort. Et je pense à Bélivier dont le suaire n'est pas aussi immaculé!

Une angoisse indicible m'étreint...

11 janvier.

Bélivier a été enterré hier à Bitschwiller. Je n'ai pas pu aller à sa sépulture. Seuls les plus anciens sous-officiers et les servants de la première pièce ont eu cette faveur. Il m'a fallu demeurer ici pour surveiller la construction des nouvelles casemates et faire exécuter les tirs, si l'on exige absolument de nous un tir avec une des deux pièces qui nous restent.

L'ennemi a attaqué cinq fois hier. Il nous a repris une des dernières parcelles conquises : le rocher de R...

16 janvier.

Cinq jours se sont passés encore en périlleuses allées et venues sur le sentier qui relie le cantonnement à la position nouvelle et que l'ennemi bombarde toujours.

Cette misérable vie ne finira donc jamais?... Aucun des arpents de ces terribles montagnes n'est épargné par la mitraille. Des obus de 210 sont tombés à proximité de notre cabane. On n'y peut faire un pas en sûreté. Pourtant l'époque de grandes attaques semble close ici.

Nous venons d'installer deux de nos pièces dans les nouvelles casemates : de vraies forteresses.

17 janvier.

Nous sommes relevés! Enfin! Enfin! Quel soulagement!

18 janvier 1916.

De grand matin, le sous-chef mécanicien, le *pétard* comme on le nomme en argot d'artillerie, quitte le cantonnement afin d'aller à Bitchswiller préparer le matériel roulant pour le départ.

Encore étendus sur nos couchettes, de toutes parts, on l'interpelle :

— Eh! Pétard!
— Tu descends, Pétard?
— Sacré Pétard!
— Tâche que ça roule un peu pour qu'on décampe au galop!
— Embrasse pour nous les petites Alsaciennes de Bitschwiller, hein, Pétard?
— Pour le matériel, je m'en charge, répond en

riant le sous-chef. Quant aux petites femmes!...
— On sait, c'est pas ton rayon!
— Chaste Pétard!
— Avec sa barbe, il ressemble à Jésus-Christ!

Le 18 janvier, nous quittions ces positions terribles, et le 21, l'Alsace.

Bercé le long des routes, au pas fléchi de mon cheval, je pense aux jours sombres que nous venons de vivre. Je songe au plaisir qu'il y aurait pour moi, — si le retour m'est donné! — à venir plus tard dans ces montagnes accomplir un calme pèlerinage de souvenirs. Mais je me dis que l'aspect de ces lieux me décevrait sans doute. Je voudrais contempler ici tout le tragique des jours passés pour que, par contraste, les jours calmes s'éclairent et que je ressente plus intensément la joie de vivre. Certainement ces émotions m'échapperaient. Entre les cadavres émouvants des grands sapins et des hêtres, qui ne reverdiront plus, grandiront les pousses nouvelles. Les feuilles combleront d'humus les trous creusés par les bombardements. La vivante nature ne permettra point que cette montagne conserve le témoignage durable des risques que nous y aurons courus. Alors, à quoi bon revenir?...

Et puis, je me dis que l'écoulement des beaux jours, des années sereines, qui peut-être nous attendent, effacera lentement les douloureux souvenirs de cette guerre. Ah! si pour nous ces visions d'épouvante ne s'atténuaient point, si nous pouvions par la parole les retracer à nos enfants et aux enfants de nos petits-enfants, jamais le monde ne connaîtrait plus la guerre. Hélas! les saisons, dans les mémoires humaines, comme dans la forêt du Wolskopf, feront pousser des frondaisons nouvelles, et une fois de plus, l'expérience des hommes ne profitera pas aux hommes!

QUATRIÈME PARTIE

LES DERNIERS JOURS DE LORRAINE

---

7 février 1916.

Jussarupt est un village vosgien de quatre cents âmes à peine, établi sur deux routes parallèles, à l'ombre de grandes collines somptueusement vêtues de sapins et de hêtres. Entre les deux lignes de maisons s'étalent des prairies. Un ruisseau y coule.

Calme pays où, lorsqu'on n'entend pas le roulement lointain du canon, seul le perpétuel clapotis des eaux qui dévalent de toutes les pentes de la montagne trouble le silence, ce silence qui nous semble si délicieux, après le grand vacarme de la bataille.

C'est là que nous allons prendre un repos dont nous avons grand besoin. Canons et caissons, aucune des pièces de notre matériel n'a été épargnée par la mitraille. Il va falloir les envoyer une à une en réparation au parc d'artillerie. Nos chevaux ont rapporté la gale de Bruyères. Beaucoup, réduits à l'état d'épouvantables squelettes, drapés de peaux ridées et glabres d'éléphants, vont être évacués. Nous aurons à dresser des attelages qu'on nous enverra du dépôt.

21 février.

Le canon gronde terriblement vers le nord-ouest. Il paraît qu'une grande bataille se livre devant Verdun.

Ici, trente centimètres de neige couvrent la terre. Nous avons pommadé, puis pétrolé nos chevaux pour tâcher de les débarrasser de cette gale qui les ronge. Quinze d'entre nous sont en permission. On nous vaccine contre la fièvre typhoïde.

22 février.

Vingt-cinq de nos camarades ont passé ce matin à la vaccination. Brusquement, des ordres de départ arrivent. Rupture du parc demain matin à trois heures.

Nous ne doutons pas qu'on nous mène là-bas, devant Verdun, où la canonnade gronde sans répit.

23 février.

Quel départ! Cette nuit de neige est presque claire. Il gèle. Fiévreux, claquant des dents, les hommes vaccinés hier se hissent comme ils peuvent sur les coffres. Mon bras gauche est à moitié paralysé. Il me passe de grands frissons dans le dos. Il m'est impossible de monter à cheval. Beaucoup de servants ont dû prendre les places des conducteurs malades. Le démarrage sur la terre gelée est malaisé.

Plus d'une heure se passe avant que toutes les voitures aient pu sortir du parc.

Sans doute allons-nous embarquer.

3 mars.

Depuis dix jours, nous roulons à petites étapes sur les routes des Vosges, puis de Lorraine, nous attendant à chaque moment à être jetés dans la terrible bataille qui fait rage, là-bas, et dont nous suivons passionnément les péripéties. La côte du Poivre!... Le bois des Caures, Douaumont!... Irons-nous là-bas?

Nous sommes établis en cantonnement d'alerte à Jarville, aux portes de Nancy.

6 mars.

Nous n'irons pas à Verdun. Nous relevons un groupe du 2ᵉ d'artillerie en position dans un secteur qui passe pour un des plus calmes du front. Vraiment, il nous échappe à tous un soupir de soulagement. La lutte où nous croyions être engagés est tellement épouvantable! Ici, le canon ne tonne pas trente fois par jour. Entre des positions d'infanterie distantes de plus d'un kilomètre et séparées par la Seille, presque jamais la fusillade ne crépite. C'est un lieu de demi-repos que nous trouvons à l'heure même où nous nous attendions à subir le plus terrible des ouragans.

Les deux sections de la batterie sont établies cette fois à plus de cinq kilomètres de distance. Le lieutenant commandera la première, la nôtre; le capitaine, la seconde.

Une fois passée la petite gare de ..., dissimulée à l'ennemi par de grandes toiles tendues entre des poteaux, il faut suivre une route rectiligne plantée de peupliers que l'ennemi découvre et qu'il prendrait facilement en enfilade s'il le voulait. Mais le secteur est si calme qu'on peut en plein jour y passer isolément, ou même en petites troupes, sans grand risque de bombardement.

Les casemates que nous allons occuper sont

construites au creux d'un petit vallon. L'ennemi ne peut les voir; mais à droite, à gauche, en avant, dès qu'on s'éloigne, on se découvre aux observateurs installés sur les collines que tiennent les Allemands. Entre la première pièce et la deuxième pièce un ruisseau coule. Des aulnes, des saules et des osiers le bordent. Un pont rustique l'enjambe. Dès que l'on creuse la terre lourde de ces fonds, l'eau apparaît. Elle luit en flaques dans les trous ouverts par les obus en arrière et à gauche de la section

Notre casemate, construite par le génie, est couverte de rails de chemin de fer placés de champ côte à côte, de petits rondins et de plus de cinq cents sacs de ciment. La pièce est établie sur une belle plate-forme de bois, où la manœuvre sera facile et rapide. L'abri de couchage, qui sert aussi d'abri de bombardement, communique avec la casemate. Basse, entourée de couchettes, absolument inaccessible au jour, cette étroite chambre aux parois soigneusement boisées, ressemble à l'entrepont des matelots dans un navire pauvre. Sous ces travaux des drains ont été établis Tous aboutissent au ruisseau. on y entend l'eau couler à petit bruit.

Le pointeur de la pièce que nous relevons est demeuré ici pour vingt-quatre heures, afin de nous passer la consigne du matériel et des tirs. On l'interroge.

— Y a-t-il des totos? demande d'abord Julien.

— Il y en a eu. Quand nous sommes arrivés, les couchettes en étaient pleines. Nous avons changé la paille et tout passé au crésyl. Mais je crois bien qu'il en reste encore quelques-uns. On en trouve un, par-ci, par-là, quand on change de linge.

Julien fait la moue.

— Mais, ajoute le pointeur, le pire, c'est les rats!

— Oh! Oh! Pas bon, ça, grogne Julien qui ne craint guère les obus, mais qu'une peur insurmontable éloigne des rats.

— Et puis, ça n'est pas des petits... des chats... des vrais chats!... longs comme ça, sans compter la queue!

— Pouah! fait Julien. Je m'envelopperai la tête dans une toile de tente.

— Et les marmites? demande Petit.

— Des fois qu'il en vient...

— La position n'est pas repérée?

— Non... Ils ont tiré par là, la semaine dernière, dans le bois, et puis, derrière et à droite. Il est tombé un 150 à trois mètres de la cagna. Mais ce n'est que de l'arrosage. Ils n'ont pas la section.

Des décors qu'on dirait sortis de je ne sais quel théâtre, joliment découpés, agréablement peints, ont été dressés en avant des pièces. Ils complètent le défilement de la section. Ils sont étranges ainsi au milieu de la campagne.

— Nous sommes trop bien là; nous ne resterons pas, prédit Petit.

— Pourquoi?

— Parce que je vous le dis... Notre division est une division de misère.

8 mars.

Notre matériel : — un canon et deux caissons par pièce — est arrivé hier, à la nuit close. A grand'peine, à travers le champ où la boue est gluante, nous l'avons traîné sous les casemates. Nos avant-trains ont emmené le matériel du 2⁰ et le personnel de la batterie que nous relevons ici.

Dans la nuit, alerte. Lepeck, qui commande la section, me réveille :

— Eh! Paul?

— Quoi?

— Mets ta pièce sur le barrage 37. L'infanterie craint une attaque par là.

En maugréant, on se lève; à la lueur des lampes de poche, on met les tubes en direction; on prépare une vingtaine d'obus. Nous ne sommes plus que cinq pour manœuvrer la pièce. Prosper, devenu cuistot de notre peloton, a installé ses cuisines dans une maison de Jeandelaincourt. Il est impossible de faire du feu plus près sans attirer les obus. François souffre d'un ongle incarné. Je l'ai envoyé rejoindre Prosper pour se présenter ce matin à la visite médicale. Julien, premier prix de tir, pointe la pièce.

La nuit est froide. Nos mains collent à l'acier des obus.

— Quel est donc le régiment qui a pris les tranchées devant nous? demande Léon.

Je lui réponds :

— Devant nous, il n'y a pas de tranchées. Cela semble l'étonner.

— Pas de tranchées?

— Non. Et les Boches pas davantage. L'infanterie est installée en petits postes. C'est le ...*. Il a dû arriver hier.

— J'aimerais mieux, dit Petit, savoir les chasseurs devant nous.

— Écoutez!... Ça tiraille...

— Un peu... On entend bien... Nous sommes très près des lignes... à quinze cents mètres.

— Les fantassins ne sont pas à la coule du secteur, dit Julien. Ils s'effrayent pour rien.

— Ces coquines de Diou! Ils auront vu un lièvre ou un renard dans les fils de fer. Ils ont peur de tout!

Je demande :

— Tout est prêt, Julien?

— Oui.

— Alors, allons nous coucher. S'ils veulent le tir, ils sonneront.

— Il n'y a plus qu'à bourrer Margot, déclare Petit.

Tandis que nous nous pelotonnons dans les couvertures encore chaudes, un coup résonne à proximité.

— Tiens!...

— La première pièce qui tire!

Mais Mathurin, qui vient d'allumer la lanterne de repérage, nous dit en rentrant :

— Le Boche s'excite.

— C'est une arrivée?

— Oui, par là, du côté de la route... Tu parles s'il gèle dur! Il y a des caniveaux où se casser les quatre pattes!

De bonne heure ce matin, l'un de nous est allé aux abords du bois voisin, visiter les collets tendus par les servants du 2ᵉ et qu'ils nous ont donnés en consigne en même temps que les tirs du secteur. Il rentre les mains vides.

Pendant toute la journée, on n'a rien à faire. Nous ne tirerons pas aujourd'hui. Déjà on s'ennuie. Accoudé à la balustrade de bouleau du petit pont, Julien contemple longuement un moulin minuscule établi sur le ruisseau par les canonniers qui nous ont précédés ici. Il actionne un pantin articulé. Le pantin semble faire tourner le moulin.

— T'as-vu le guignol? me dit Julien.

— Oui.

— C'est lui qui fait couler le ruisseau. Il n'est pas vite fatigué, le bougre.

9 mars.

Rien dans les collets. Il neige. Je crois que la neige va vite fondre. La terre n'est pas gelée.

10 mars.

Julien, levé de bonne heure, s'impatiente devant le poêle où le bois brûle avec une grande fumée sans allumer le coke. Ses jurons nous réveillent.

— Saloperie de saloperie de saloperie!... Je vas f... un coup de pied là-dedans, tout à l'heure!... Il ne s'allumera pas le fumier!... Petit!

Petit grogne sous sa couverture.

— Petit!... Lève-toi... Il n'y a que toi qui sais l'allumer, c't'amphibie-là!

Dans l'épaisse fumée qui remplit notre chambre blindée, Petit se lève.

— On va faire du chocolat, dit Julien. Je

vais chercher de l'eau et ouvrir les boîtes de lait condensé.

— Le bois est mouillé, grogne Petit. Ah! là là!... Quel truc!... Et ça fume!... ça fume...

Julien rentre les épaules couvertes de neige.

— Il y a bien dix centimètres de neige par terre, dit-il.

— Ça fume dehors?
— Oui.
— Ça se voit?
— Non, il ne fait pas clair... Il n'y a pas de pétard... Je mets six tablettes... hein... ça va?... Marche-t-il, ton poêle?

François grogne en se tournant sur sa couchette d'un flanc sur l'autre.

— S'il y a de la neige, ce n'est pas encore aujourd'hui que je vais mettre le pied dehors.

— On sortira, dis-je, le moins possible pour ne pas faire trop de traces sur la neige. Les aéros voient très bien les pas.

— Il faudra bien aller à la soupe... Ça va faire un sentier le long du ruisseau.

— Oui, mais on le poursuivra en avant de la position pour ne pas laisser voir qu'il y a quelque chose ici.

— Ça chauffe! proclame Julien satisfait.

Une bonne odeur de chocolat remplit la chambre. La fumée s'est un peu dissipée.

— Qu'est-ce qui va voir aux collets?
— C'est rare s'il s'en est étranglé un lièvre. Le gibier ne remue guère par ce temps de neige.
— Quelqu'un se dévoue.

Au saut du lit, on déguste le chocolat brûlant. Julien jubile :
— Est-il fameux?
Nous le félicitons.

Ayant chaussé nos sabots, nous allons nous laver au ruisseau; puis, comme l'air est frais, tout de suite nous rentrons dans notre entrepont.

Il est question d'installer l'électricité dans les casemates et dans les chambres de la section. Une usine de Jeandelaincourt nous la fournirait.

Hier, l'ennemi a bombardé Jeandelaincourt à l'heure du ravitaillement. Un de nos conducteurs de fourgons a été blessé à la tête.

11 mars.

Hier, tout le jour, vers le nord-ouest, le tonnerre de la lointaine bataille a déferlé sur la campagne, monstrueux, ininterrompu, terriblement angoissant. Le vent apporte le bruit. Je me suis éveillé deux ou trois fois dans la nuit. A travers les murs épais de notre abri, on entendait encore la canonnade comme un roulement voilé de tambour.

Je me suis levé le dernier ce matin. Comme je traverse la casemate en me reculottant pour aller voir, sur le petit pont, le temps qu'il fait, j'aperçois Julien qui nettoie la pièce à grands coups d'écouvillon.

— Mon vieux! dit-il en s'interrompant pour se frotter le dos à l'une des jambes de force qui soutiennent les travaux, ça y est! Je te le dis!

— Quoi?
— Il y en a!
— Ah! ah! Le toto?
— Je crois bien que oui! A moins que ça soit une puce. Je m'en vais aller voir ça tout à l'heure quand je vais m'être nettoyé les mains.

— Catastrophe!

La neige a fondu dans la nuit. Mais il en reste encore sur les pentes orientées vers le nord. Une crue subite du ruisseau a enlevé deux des moulins construits hier par les servants de la première pièce.

Le lieutenant s'est rendu aux premières lignes avant l'aube. De jour, les communications avec les avant-postes sont difficiles et dangereuses.

Vers neuf heures, comme l'atmosphère s'est éclaircie, on nous téléphone l'ordre du « garde-à-vous ».

J'appelle mes servants qui, échelonnés le long du ruisseau, font leur toilette en causant.

— On tire? demande François.

— Un peu.

— Oust! Ça va bien taper. Nous voilà frais comme des petits poissons.

— A obus à balles... Correcteur 20... 4.800.

— Prêt!

— Envoyez!

Délibérément, Julien, qui achève de se sécher le visage, lâche le cordon tire-feu.

— Écoutez...

D'abord, l'obus déchire rudement l'air. Sa chanson s'affaiblit, se perd... Trois, quatre secondes se passent. Puis, dans le matin calme, très loin, on l'entend éclater.

— Pas pourri! dit François.

Après trois jours passés dans une inaction complète, ce tir nous distrait, nous détend.

— Ça amuse, constate Petit.

— Il faudrait un petit tour de danse comme ça tous les matins, dit Julien. Ça met les nerfs en place, et puis, ça dérouille les membres.

— J'aime bien à régler avec le lieutenant, dit François.

— Il ne tâtonne guère. Tout de suite c'est dedans.

— C'est un artilleur.

— Il y en a qui préfèrent régler avec le capitaine.

— Tout ça dépend des goûts.

— Je crois bien que les Boches ne préfèrent ni l'un ni l'autre.

— Par deux. A obus explosifs... Eh là! Léon... fusées blanches... 5.000...

— Feu!

Deux coups.

— Ça gazouille, dit Mathurin.

— Je croyais qu'on t'avait commandé de te faire couper les cheveux, dis-je à Julien. Ils sont tellement longs qu'ils te bouchent la vue et que tu as du mal à mettre la hausse.

— J'étais en train de me peigner, déclare Julien.

— 5.100.

— Feu!

— Tiens... les Boches!

Deux obus, se croisant avec ceux que vient d'envoyer la pièce, ont été s'abattre dans le bois, loin derrière nous.

— Eh! Eh! Gare à nos collets.

— Laisse-les faire!

— Ils croient tirer sur nous.

— Ça serait le moment de se taire. Ils croiraient être dessus.

En effet, un ordre arrive :
— Halte au feu!

En conscience, l'ennemi bombarde ce bois où il n'y a rien. Puis, comme il se tait, tranquillement nous achevons nos réglages.

— Cessez le feu. Laissez la pièce en direction.

— Ah! allons boire le jus!

— Je m'en vais écrire une babillarde, dit Petit.

— Et moi voir un peu aux totos, dit Julien.

— Et moi, dit l'infirmier sorti, pour nous regarder, de l'abri de couchage où le vent des coups a éteint la bougie et où l'obscurité est complète, moi, je m'en vais tendre des collets pour les rats sous les couchettes, et puis, dehors, j'ai repéré hier leurs passages sur la neige. Ils font un chambard toutes les nuits!

— Si tu en prends, tu les donneras à la première pièce; il y en a un qui en mange.

— Vrai?

— Il en mangeait en Champagne. Le goût n'a pas dû lui en passer.

Nous avons encore vidé un caisson dans l'après-midi. La frontière franco-allemande suivait ici la Seille. Les lignes, pendant quelques kilomètres, se confondent à peu près avec la frontière.

Nous avons tiré sur Manhoué, un village de Lorraine annexée, dont, nous a dit le lieutenant, nous avons démoli le clocher. L'ennemi n'a pas répondu

Le courrier m'a apporté des épreuves de *Ma Pièce*, qui bientôt va paraître chez Plon. Je voudrais relire à loisir ces feuilles de route écrites dans les premiers mois de la guerre et dont les souvenirs me semblent si vieux déjà. Mais Mathurin ne nous laissera pas un instant de répit. Mathurin siffle en s'éveillant et siffle encore en s'endormant. Tout le jour, il siffle ou il chante. Il ne s'interrompt guère que pour manger ou pour rire à grands éclats. Il rit de tout et de rien. Il rit à des idées qui lui passent par la tête, aux obus qui nous sont destinés et qui s'égarent, aux rats qui grattent derrière les planches.

— Veux-tu me laisser écrire? dit Julien.

Il se tait pendant deux secondes, puis entonne :

« Si tu voyais ton enfant, ma mère,
   Ma mère! »

— Mathurin!

— Ah! Ah! Ah! Il fume! Kis... Kis!...
— Tais-toi donc!

J'insiste :

— Ah! oui, Mathurin, ferme un peu ton clapet... Il n'y a pas moyen?

Je crois que le sifflet qui s'exhale de sa bouche ne dépend pas de sa volonté. Si l'on se fâche, il rit, s'arrête, et l'instant d'après recommence

Tout le jour, le canon de Verdun a tonné encore. On attend les journaux... Ils n'apportent que des nouvelles périmées.

12 mars.

Quelle étrange guerre que celle-ci! Alors que le canon de Verdun gronde toujours sans répit et que se livrent là-bas les plus sanglants combats de cette interminable lutte, nous menons ici, dans la paix des champs, à quinze cents mètres de l'ennemi, une vie de petits bourgeois casaniers

Soigneusement *camouflée* par une équipe spéciale de Nancy, la section est absolument invisible aux avions ennemis. Seuls, les mouvements des hommes autour des casemates peuvent révéler aux observateurs d'en haut notre présence ici. Lorsque, comme aujourd'hui, le temps est clair et qu'il fait soleil, on ne sort que le moins possible. Depuis que nous sommes ici, nous n'avons pas mis nos souliers. Les pieds au chaud dans des galoches garnies de gros chaussons, fumant nos pipes à l'entrée de la casemate, nous devisons paisiblement par-dessus le ruisseau avec les camarades de la première pièce, en groupe sur le pas de leur porte.

Déjà nous avons pris des habitudes domestiques. Pour peu que nous restions longtemps ici, elles se transformeront en manies tyranniques.

— Nous mangeons comme des cochons à l'engrais, dit Julien. Nous ne faisons pas cinquante pas par jour. C'est à peine si on voit la clarté du soleil. On va engraisser à ne plus pouvoir passer par les portes! Ma culotte commence déjà à me serrer la taille.

La canonnade, toujours plus violente vers le nord-ouest, semble plus proche. Se battrait-on vers le bois Le Prêtre ou vers les Éparges ou vers Saint-Mihiel? Attaque ennemie ou diversion française?

Pas de nouvelles, pas de journaux!

13 mars.

Un des caractères les plus certains de la guerre actuelle est sa fastidieuse uniformité.

Le danger, la mort se présentent à peu près toujours de la même manière. Rien ne ressemble tant à un obus qu'un autre obus. Et, lorsque le risque devient moins immédiat ou que la menace de mort fait rémission, comme notre existence est plate, exempte de tout imprévu! Le retour brusque du danger, le frôlement de la mort même n'est plus de l'imprévu. Certes, l'ennui n'aura pas été un des moindres maux qu'aient connus les soldats de cette guerre.

Pour être sincère, le carnet de souvenirs d'un combattant ne devra pas être exempt de beaucoup de monotonie.

On s'étire, on bâille. Là-bas, on se bat toujours avec rage. Le grondement lointain du canon le dit.

14 mars.

Première journée de printemps, tiède, limpide, savoureuse. Les moucherons tourbillonlonnent. Des oiseaux peu farouches pépient près de nous dans les saulaies du ruisseau. Un beau papillon aux ailes de velours noir tachées de rouge longtemps a voltigé au-dessus de la casemate. Volontiers, on ferait quelques centaines de pas autour de nos demeures Depuis plus d'une semaine que nous vivons au fond de notre entrepont dans une immobilité presque complète, nos jambes ont des impatiences.

Mais l'ennemi, profitant de la clarté de l'atmosphère, a hissé sur l'horizon, devant nous, deux perfides saucissons. On ne peut faire un pas sans qu'ils nous voient. Et puis, l'air est plein de ronflements de moteurs. Nous savons que notre position elle-même est invisible aux observateurs aériens. Des photos de nos aviateurs l'attestent. N'allons pas révéler par nos mouvements notre présence ici.

A l'abri des saules, près du petit pont, au bord du ruisseau, où toute une série de moulins clapotent dans le courant et mettent en mouvement par des ficelles d'inlassables personnages articulés, de quatre douilles plantées en terre je me suis fait un siège... Les heures passent.

15 mars 1916.

Une pièce de marine, établie quelque part derrière nous sur les hauteurs, a tiré hier dans l'après-midi sur le ravitaillement de l'ennemi. Les Boches en réponse ont bombardé Moivrons et Jeandelaincourt. A l'entrée de Jeandelaincourt, les obus tombaient sur la route. Deux des servants de la section, allant chercher notre soupe du soir aux cuisines, ont dû attendre plus d'une heure pour passer, tandis que, de leur côté, nos cuisiniers s'abritaient dans un four. En manière de représailles, nous avons lancé sur Fossieux une bordée de cinquante coups.

A l'aube, tandis que devant nous, sur un triste horizon rouge, le soleil se lève au creux du vallon entre nos décors, nous avons, pour calmer l'artillerie allemande qui, cette nuit, s'est montrée turbulente, tiré cinquante coups encore sur Fossieux, Puis nous nous sommes recouchés tandis que l'un de nous s'en allait vers le bois, avant que le grand jour ne découvre à l'ennemi la campagne, passer l'inspection des collets et cueillir une salade de pissenlits.

Le perruquier de la batterie est arrivé vers midi, à bicyclette, avec ses tondeuses et ses rasoirs. Devant l'abri de la première pièce où les saucisses ne peuvent nous voir, il a installé un banc au soleil. Assis en rond par terre, on cause tandis qu'il opère le rasoir d'une main, le blaireau de l'autre.

Une batterie allemande tire... Représailles sur Fossieux. Vingt-cinq coups par pièce...

. . . .

(Ici s'arrêtent les pages inachevées du Tube 1233. *Dans l'après-midi du 15 mars 1916, Paul Lintier tombait sous la mitraille allemande. Ses dernières notes de route, ramassées sur son corps sanglant, ont été réunies par les soins de ses*

amis et compagnons d'armes (les maréchaux des logis Arsène Gouhier et Lepeck, les servants de la pièce 1233 : François Tardif, Julien Lesaulnier, André Petit, Léon Royer, Prosper Radais, Mathurin Guyot.)

FIN

FIN

TABLE DES MATIÈRES

—

Souvenirs sur Paul Lintier 9

PREMIÈRE PARTIE

LE LINGEKOPF

Le cantonnement 23
Belenfant canonnier 27
Paroles dans la nuit 31
Le déluge 35
Nocturne 38
Ravitaillement à la batterie X........ 42
Au repos 49

DEUXIÈME PARTIE

EN CHAMPAGNE

Sur les positions conquises 53
La contre-attaque 61

La préparation d'artillerie 63
Les lapins 69
Contre-batterie 72
Le dernier acte 76
Le tonneau 81

TROISIÈME PARTIE

L'HARTMANNSWILLERKOPF

Le départ 89
De Corcieux à la Bresse 92
De la Bresse à Krut 96
Vers le Wolskopf 101
Six semaines au Wolskopf 114

QUATRIÈME PARTIE

LES DERNIERS JOURS EN LORRAINE 225

www.ingramcontent.com/pod-product-compliance
Lightning Source LLC
Chambersburg PA
CBHW010045090426
42735CB00020B/3394